Hexenflug

- unorthodoxe Gedanken zur Zeit

Shakti Morgane

Hexenflug

„Wer von den ungewissen Ereignissen der Zukunft
nichts erhofft und nichts befürchtet, ist wahrhaft
klug."
Anatole France

'Hexenflug – unorthodoxe Gedanken zur Zeit'
© 2018 Christiane Hausmann
Autorin: Shakti Morgane
Herstellung und Verlag: BoD- Books on Demand, Norderstedt
ISBN: 9783752809527

Inhaltsverzeichnis

Tarot

6.8.2007 - Karten legen ...

Wer für andere deutet maßt sich an,
Dinge zu wissen, die er nicht wissen kann.
'Die Karten lügen nicht' – das ist wohl wahr,
doch jeder sieht die Wahrheit nur durch seine eigene Brille,
denn echte Hellseher sind äußerst rar,
deshalb wäre es besser, er schweiget stille
und verschont die Welt am Telefon
mit seiner angemaßten Interpretation.

Der Konsument solcher Dienste ist gut beraten,
selbst zu wagen einen Blick in die Karten.
Mit etwas Ausdauer und Intention
begibt er sich auf die Reise zur Intuition.
Hier angelangt ist er nun in der Lage,
sich selbst zu beantworten jede Frage.

Und die Moral von der Geschicht:
ganz simpel ist das Kartenlegen nicht.
Denn einfach so, ganz auf die Schnelle,
ist eine Antwort nicht zur Stelle
- für den, der nicht gehn mag über die 'kleine Schwelle'.

13.8.2007 - Die Reise zur Intuition: Ursprünglicher Sinn der Deutung mit Tarot-Orakeln

Wer Probleme hat, oder gar nicht mehr weiter weiß, lässt sich möglicherweise die Karten legen. Jemand anderes, jemand, der ihn gar nicht kennt, soll ihm einen Ausweg aus seiner Situation weisen. Welch Missverständnis vom Sinn und Zweck der Nutzung des

Orakels offenbart sich da. Ein Missverständnis, das von Kartenlegern und -legerinnen kräftig unterstützt wird, um damit Geld zu verdienen. Eine Dienstleistung, die auf einem Missverständnis beruht, ist jedoch zurecht sozial unverträglich.

Natürlich ist es schwierig, sich selbst die Karten zu legen, aber nicht, weil man nur das sehen will, was man sehen möchte, sondern, weil nicht jeder 'einfach so' Zugang zur Intuition hat.

Einer neutralen Person fällt es natürlich leichter ihre Interpretation der Dinge, die sie in den Karten glaubt zu sehen, zu äußern, da sie von dem Problem des Fragenden nicht betroffen ist. Diese Interpretation ist dann durchaus eingefärbt durch das Weltbild der Kartenlegerin und kann zur Aufklärung für den Fragenden beitragen, kann aber auch genauso gut noch mehr Verwirrung stiften.

Deshalb müssen wir uns durchaus entscheiden, ob wir glauben, dass die Zukunft feststeht und ob wir daher in den Karten eine Zukunft sehen können? Oder ob wir glauben, dass es keine feststehende Zukunft gibt und wir daher mit unseren eigenen Entscheidungen den Gang der Dinge beeinflussen.

Wenn wir die Frage mit JA beantworten: es gibt eine feststehende Zukunft, ein unveränderliches Schicksal; dann erübrigt sich eine Kartenbefragung, da wir ja ohnehin nichts ändern können. Es sei denn, wir wollen selbstquälerisch oder neugierig wissen, was uns noch bevorsteht. Wenn wir die Frage mit NEIN beantworten, dann haben wir die Wahl, unser eigenes Urteil oder das einer Kartenlegerin bei der Deutung zurate zu ziehen.

Ein guter Deuter, eine gute Deuterin betont daher immer:

1. dass es sich nur um Tendenzen zum Zeitpunkt der Fragestellung handelt, die in den Karten abgebildet werden,

2. dass die abgebildeten Tendenzen der Interpretation der Kartenlegerin unterliegen und

3. dass es unserer eigenen Entscheidung obliegt, das Beste aus den Tendenzen zu machen und somit eigenverantwortlich unsere Zukunft unter gegebenen Bedingungen zu gestalten.

Der Deuter / die Deuterin kann uns somit die Verantwortung für unser Leben nicht abnehmen! Und kann nur Auskunft geben, was - seiner / ihrer Meinung nach - am besten zu tun ist, um Probleme zu lösen.

Nicht einmal, wenn der Fragende untätig bleibt, entwickeln sich die

Dinge so, wie sie zum Zeitpunkt der Fragestellung abgebildet wurden, denn auch 'untätig bleiben' ist eine Entscheidung, die ins Geschehen eingreift und es verändert. Und außerdem verändern sich die Dinge auch ohne unser Zutun.

Es geht also immer darum, was wir selbst wollen! Falls wir das nicht wissen, fragen wir das Orakel, z.B. das große Arkanum des Tarot.

Das große Arkanum des Tarot ist der Einweihungsweg zur Intuition wie er als 'Buch Thoth' aus dem alten Ägypten überliefert wurde.

Dabei dient das große Arkanum als Entscheidungsfindung im Einklang mit

1. dem eigenen Wohlbefinden, dem eigenen Wollen und Wünschen
2. den Wünschen und Kräften der Umwelt und
3. einer übergeordneten dritten Kraft (wenn man so will: das Schicksal!), die ausgleicht zwischen den ersten beiden.

Intuitiv muss die richtige Antwort auf die Frage beim Blick in die ausgelegten Karten in uns erscheinen. Nur dann entspringt sie den Bedingungen unserer Wirklichkeit. Je mehr und je öfter wir daher die Karten befragen, desto mehr Übung bekommen wir bei der Reise zu uns selbst, ins Innere unseres Geistes, bei der Reise zur Intuition. Die Reise zur Intuition – das ist Sinn und Zweck der Befragung des Tarot-Orakels. Aber Vorsicht: Suchtgefahr!

16.1.2009 - Die Lösung steht im Tarot

Nachdem der politische Charakter der Technik die Geistes- und Sozialwissenschaften atomisierte
und der folgende Informationsflut-Overkill die Gesellschaft desorientierte,
feiern heute magisch-religiöse Weltsichten fröhliche Auferstehung.

Als hätte es nie das Zeitalter der Aufklärung gegeben
beanspruchen Religionen die Wahrheit für sich und subsummieren die Massen.
Auf der Strecke bleibt allenthalben der Realitätssinn:
Alles und Nichts scheint gleichzeitig möglich und unmöglich,
wirklich und unwirklich.
Deshalb muss sich nun jeder höchstselbst mit dem Botschaften-

Wirrwar in seinem Leben befassen!

Um den Boden unter den Füßen wieder zu finden sind einige auf die
Suche nach Zusammenhängen aufgebrochen.
So z. B. auch ein Licht in Gestalt Bert Hellingers, der mit dem Laser
punktgenau ins Schwarze zielte,
und den gänzlich vergessenen jedoch naheliegenden Zusammenhang
zwischen menschlichem Leiden und Verbrechen gegen die
Lebenskraft abrupt neu ins Bewusstsein katapultierte.

Ein Aufschrei der Etablierten
folgte dem Aufatmen der Drangsalierten.
Sei es drum.
Erneut geht der Bi-Ba-Butzemann um
und erhellt dem Leser des u.g. Werkes
die Sicht auf das Verborgene und den Grund seines Schmerzes.

Aber auch diesmal lösen nicht moderne Wissenschaft und Technik
das Debakel,
nein im Zentrum steht das Tarot, ein altes Orakel.
Ob Sie es nun glauben oder nicht,
wenn Sie sich darauf einlassen, das Fatum zu benennen,
können Sie mit den Karten des Tarot und der Anleitung im Buch
die wirkende Wahrheit in Ihrem Beziehungssystem erkennen.
(Buch: "Die Richtung der Kraft – Familienrepräsentation mit
Tarot ...")

1. 9. 2012 - Liebe – nur ein Wort?

Liebe bzw. Verliebtsein scheint das Gefühl zu sein, das entsteht, wenn
zwei Menschen zusammen treffen, die ein sehr ähnliches Schicksal
haben: z. B. Verstorbene Geschwister, bittere Armut, geschiedene
Eltern, etc.. Zwei Seelen erkennen sich dann im anderen wieder.

Liebe hat demnach mit der seelischen Ebene zu tun. Sie beflügelt, um
gemeinsam über den Abgrund fliegen zu können. Das ist der
gemeinsame Geist, der ein Paar zusammen schweißt.

Im Negativen liegen hier aber auch die Wurzeln für Abhängigkeit und Co-Abhängigkeit.

Doch sobald das bei beiden Partnern in Variation vorhandene zugrunde liegende Problem von einem erkannt und / oder gelöst wird, verschwindet das Gefühl der Liebe bzw. des Verliebtseins ebenso wie das der Abhängigkeit und neutralisiert sich.

Bert Hellinger hat sich in den 80er Jahren des vergangenen Jahrhunderts mit dem Thema befasst und mit den 'Ordnungen der Liebe' neue Maßstäbe für den Umgang mit dem Vorhandensein oder Nichtvorhandensein von Liebe gesetzt.
Ausschlaggebend sind dabei 'Kräfte', die u. a. aus dem Jenseits auf die Seele einwirken.
Wer also unter dem Gefühl der 'Liebe' leidet, kann durch die Ermittlung der 'Richtung der Kraft', die auf ihn einwirkt und einer Korrektur dieser Richtung, von seinem Leiden befreit werden.
(Buch: „Die Richtung der Kraft – Familienrepräsentation mit Tarot & Tarot. Der Schlüssel zur Magie")

23.11.2012 - Das magische Datum für die Zeitenwende: 21.12.2012?

Viel wird über Katastrophen spekuliert, die am 21.12.2012 eintreten sollen, weil die Mayas das Ende der Zeit vorausgesagt hätten. Aber auch die alten Ägypter wären derselben Meinung gewesen.
Worauf stützt sich diese Annahme? Die alten Völker waren Meister in der Himmelsbeobachtung, da sie meinten, alle Ereignisse am Sternenzelt würden die Ereignisse auf Erden beeinflussen.
Zum einen synchronisiert sich die Sonne am 21.12.2012 mit dem Zentrum der Milchstraße – ein schwarzes Loch. Zum anderen durchquert die Venus an diesem Tag das Sternbild des Orion.
Dies tat die Venus schon einmal 9792 v. Chr. und lässt sich am 21.12.2012 wieder beobachten.

Man muss dazu sagen, dass wir uns im Jahre 9792 v. Chr. in der Jungsteinzeit befinden - und zwar zu derselben Zeit, als der Wechsel von der Jäger und Sammlerkultur zu Ackerbau und Viehzucht stattfand. Das war das große historische Ereignis in diesem Zeitraum. Mit Ackerbau und Viehzucht begann die Männerherrschaft – das Patriarchat. Für Frauen war das in der Tat eine Katastrophe.

Wenn wir das Datum 9792 v. Chr. numerologisch betrachten, so ergibt sich die 9 als sinngebende Ziffer. Die Zahl 9 bezeichnet im Tarot 'den Weisen' auch den 'Alten vom Berge' – das ist der Patriarch! Die Zeit des Patriarchen war gekommen.

Folgen wir diesem Gedankenspiel weiter, dann lässt sich aus dem Datum 21.12.2012 numerologisch die 2 als sinngebend ableiten. Im Tarot ist das die Karte „die Hohepriesterin" – das ist auch 'die weise Frau' bzw. die Göttin.

Wir befinden uns heute mitten im historischen Umbruch hin zu einer Kommunikations- bzw. Informationskultur. 'Daten sammeln' wird nunmehr die Grundlage der Wirtschaftsmacht und Kommunikation und Werbung sind die Mittel zum Erfolg. Das sind alles Eigenschaften weiblicher Stärke. Somit befinden wir uns wieder in einer 'weiblichen' Zeit. Gewiss, für so manch einen mag das das Ende seiner Welt bedeuten und eine Katastrophe sein.
Erfolgversprechend sind nunmehr: Wissen, Bewusstsein, Vorstellungskraft, Gedankenkontrolle, Darstellung und Selbst-darstellung, Bewegung, Kommunikation, Beziehungen (Netzwerke), und alles was mit Wandlung und Umwandlung zu tun hat, die Welt des Geldes, die Medien usw..
Im Negativen ist das aber auch eine Zeit der Manipulation, der virtuellen Welten, der Illusion und der Zerbrechlichkeit des einzelnen und der Gesellschaft. Ein einziger Sonnensturm, wenn er stark genug ist, genügt, um die elektronischen Verbindungen, auf die wir alle angewiesen sind, zu kappen.

Fassen wir zusammen: Das erste mal in der Jungsteinzeit, als die Venus das Sternbild des Orion durchquerte, was für die Steinzeitmenschen gleichbedeutend war mit dem Abstieg der Großen Göttin in die Unterwelt, und was im damaligen Verständnis soviel hieß wie: das Land verdorrt und das Leben stirbt aus; geschah die Vertreibung aus dem Paradies. Eine Katastrophe! Der Planet Erde hat sich unterdessen weitergedreht - allerdings sollen vor ca. 12 000 Jahren, das trifft so ziemlich das oben genannte Datum, aufgrund von plattentektonischen Bewegungen der Erde (Erdbeben und Tsunamies) auch die Kontinente Lemurien und Atlantis im Meer versunken sein.

Historisch war das der zu diesem Zeitpunkt erfolgende Übergang vom Jäger und Sammlertum zum Ackerbau, mit dem ein Machtwechsel einherging, der Wechsel vom Matriarchat zum Patriarchat. Für Frauen war das eine Katastrophe. Aus 'mater arché' – am Anfang war die Mutter – wurde 'pater arché' – am Anfang war der Vater. Frauen wurden zu Waren, zu Menschen 2. Klasse und daran hat sich bis heute nichts geändert.

Das Datum 9792 v. Chr. markierte qua Sternenkonstellation das Ende einer Ära und den Beginn einer neuen.

Ob das Patriarchat entwicklungsgeschichtlich für die Menschheit ein großer Schritt nach vorn war, lässt sich schwer sagen. Claudia von Werlhof bestreitet dies in ihrem Buch: „Die Verkehrung".

Heute, im Jahre 2012, befinden wir uns ebenfalls am Ende einer Ära bzw. Beginn eines Übergangs, der aber bereits seit ca. 200 Jahren (ein Wimpernschlag in der Entwicklungsgeschichte der Menschheit!) im Gange ist. Es ist unsere Zeit der Technisierung und Industrialisierung mit dem heutigen Gipfel der Digitalisierung. Fragt sich nur – wo führt der Übergang hin?

Das Datum 2012 mit derselben Sternenkonstellation wie anno 9792 v. Chr. dürfte auch diesmal einen Machtwechsel markieren, da sich die Große Göttin abermals in die Unterwelt begibt.

2012 ergibt numerologisch die Zahl 5. Im Tarot ist das ‚der Hohepriester', was gleichbedeutend ist mit überlieferten Werten, aber auch mit dem ‚höheren Selbst' bzw. der geistigen Welt.

Die Macht geht auf diejenigen über, die ihren Geist vom Schatten, vom Schleier, von den Illusionen befreien, die die Bewusstseins-industrien und institutionalisierten Religionen anhand der Traumatisierungen im Leben eines Menschen in dessen Selbst verankern können, sich auf den 'alten Pfad' besinnen und ihr eigener Hohepriester bzw. ihre eigene Hohepriesterin werden.

Fazit: Dem mündigen, selbstbestimmten, sich mit überlieferten Werten auskennenden und in seinem Geist befreiten Menschen, egal ob Männlein oder Weiblein, dürfte die Zukunft gehören.

Aber, es ist so um den 21.12.2012 möglicherweise auch mit plattentektonischen Bewegungen der Erde zu rechnen.

Ein Forscher der TU-Berlin glaubt allerdings, dass sich die Mayas verrechnet haben. Wieder andere Forscher widersprechen all diesen Prophezeiungen und legen einen Weltuntergang zu einem vollkommen anderen Zeitpunkt nahe.

Um die gesamte Erde erstreckt sich ein Pyramiden-Gürtel, der darauf hinweist, dass einst eine Hochkultur die ganze Erde bevölkert hat, die weit vor den alten Ägyptern ebenso wie vor den Jungsteinzeit-menschen existierte, und die mittels der Pyramiden in Gizeh einen Kalender bzw. Uhrwerk mit der Sphinx als Zeiger schuf, das anhand der Stellung der Sterne den nächsten Polsprung anzeigen soll. Ein Ereignis, bei dem sich das Magnetfeld der Erde umkehrt und das immer wieder alle zig-tausend Jahre vorkommt. Ein solches Ereignis dürfte dem Mars die Atmosphere geraubt haben, woraufhin er erkaltete und verwüstete. Auf der Erde führt soetwas ebenfalls zu Katastrophen und Weltuntergängen. (Hier die Theorie im einzelnen: https://youtu.be/zDK94ds334g)

Ich gebe jedoch zu bedenken: Das seit ca. 5000 Jahren andauernde patriarchale, alchemistische Projekt der 'Schöpfung aus Zerstörung' (v. Werlhof), das in den letzten 200 Jahren erschreckende Ausmaße angenommen hat, 'technischer Fortschritt' genannt wird und sich als Todeskultur entpuppt, muss endlich gestoppt bzw. in matriarchale Bahnen gelenkt werden, wenn wir die Mars-ifikation des Planeten Erde aufhalten wollen. Möglicherweise droht uns andernfalls der kollektiven Selbstmord bereits 2022. Numerologisch ist das die 6. Im Großen Arkanum deutet die 6. Karte auf die Macht der Entscheidung hin. Die Menschheit hat sich für eine Todeskultur entschieden, die 'technischer Fortschritt' genannt wird und muss nun mit den Konsequenzen rechnen, denn: Seit Fukushima wird das Ozonloch wieder größer!

9. 11. 2013 - Karma

Bei Wikipedia lesen wir am 9.11.13:

„Karma (n., Sanskrit: कर्मन् karman, Pali: kamma „Wirken, Tat")
bezeichnet ein spirituelles Konzept, nach dem jede Handlung –
physisch wie geistig – unweigerlich eine Folge hat. Diese muss nicht
unbedingt im aktuellen Leben wirksam werden, sondern kann sich
möglicherweise erst in einem der nächsten Leben manifestieren."
Und weiter: „In den indischen Religionen ist die Lehre des Karma
eng mit dem Glauben an Samsara, den Kreislauf der Wiedergeburten,
verbunden und damit an die Gültigkeit des Ursache-Wirkungs-
Prinzips auf geistiger Ebene auch über mehrere Lebensspannen
hinweg. ... Karma entsteht demnach durch eine Gesetzmäßigkeit und
nicht infolge einer Beurteilung durch einen Weltenrichter oder Gott,
es geht darum nicht um „Göttliche Gnade" oder „Strafe". Nicht nur
„schlechtes" Karma erzeugt den Kreislauf der Wiedergeburten,
sondern gleichermaßen das „gute". Letztes Ziel ist es darum,
überhaupt kein Karma mehr zu erzeugen."
Und an anderer Stelle lese ich:
""Karma" kommt aus dem Sanskrit und bedeutet "Rad" - das Karma
zwingt uns, immer und immer wieder zu inkarnieren, um die
Probleme, die wir uns selbst geschaffen haben, endlich alle
aufzulösen. Jede neue Inkarnation ist eine neue Möglichkeit des
Lernens, denn wir werden immer wieder mit den noch unbewältigten
Problemen IN UNS konfrontiert. Die Bewältigung bedeutet, dass man
nicht den Problemen ausweicht, sondern sie annimmt und löst; meist
lösen sie sich mit dem Annehmen schon von selbst. Das scheint aber
den Menschen ungeheuer schwer zu fallen, denn sie kommen schon
seit Jahrtausenden, ja, ganzen Zeitaltern, immer wieder und wieder,
und scheinen dennoch nicht viel weiter gekommen zu sein, sondern
sich immer tiefer in ihr Karma zu verstricken."
(http://www.puramaryam.de/karmawas.html)

Halten wir fest:
- Karma ist der Glaube an die Gültigkeit eines Ursache-
  Wirkungs-Prinzips als Gesetzmäßigkeit und
- Karma zwingt uns 'selbstgeschaffene' Probleme zu lösen,
  indem es uns immer wieder inkarnieren lässt.

Was für eine triste Aussicht ist das, immer wieder in demselben Rad
des Schicksals als Lebensschule gefangen zu sein und es nie

verlassen zu können, da neue Taten neue Ursachen setzen, usw.! Da scheint es doch wesentlich einfacher zu sein, diesem absolut zur Auflösung des Schicksals untauglichen Konzept ein anderes Konzept entgegen zu setzen. Tauschen wir das Konzept einfach aus und schon ändern wir unser Karma.

Wie wäre es damit: Wir ersetzen den Begriff des Karma als ein lebloses Konstrukt (sterile Ursache-Wirkungs-Kette) durch die Vorstellung, dass unser Karma ein Produkt der Summe der Ereignisse und inneren Entscheidungen im Leben unserer Vorfahren ist, das uns in unserem Leben bei der Entwicklung hilft oder behindert, indem es unser Leben bestimmt, bzw. das der Erkenntnis durch uns und damit seiner Auflösung, da Würdigung, harrt. Damit wäre es unsere Aufgabe, uns mit den Handlungen unserer Ahnen auseinander zu setzen, denn von den Ahnen wird es uns geschickt. Wenn wir es dann schaffen, das Leben unserer Ahnen zu würdigen, nehmen die Ahnen die Bestimmung auch wieder zurück und wir sind frei davon. Auch in diesem Fall hat jeder seine persönliche Geschichte, die man sich bewusst machen muss, wenn man von ihr frei werden will. Hilfreich beim 'Aufdröseln' des Familienfadens bzw. der Entdeckung der persönlichen Geschichte ist u.a. das Familienstellen nach Hellinger und für leichtere Fälle auch mein Buch: "Die Richtung der Kraft - Familienrepräsentation mit Tarot & Tarot. Der Schlüssel zur Magie".

10. 12. 2013 - Esoterik Bashing

Vielleicht sollte ich euch folgenden Blog-Artikel, den ich im Netz entdeckt hab, nicht vorenthalten.
(http://www.nachrichtenspiegel.de/2010/10/13/esoterik-und-faschismus-und-die-feinde-der-demokratie-und-die-neuen-juden/)
Er beleuchtet sehr gut die Auswüchse der herrschenden Meinung zur Esoterik. Von der herrschenden Meinung wird gern übersehen, dass Esoterik weder Ideologie noch Religion ist, sondern Metaphysik im Sinne von 'über die Wissenschaft hinausgehende Erkenntnis'. Die herrschende Meinung möchte Esoterik gern in die 'braune' Ecke stellen. Das scheint jedoch nicht so ohne weiteres zu gelingen. Neuerdings möchte man Esoterikern deshalb gern ihre Dummheit bescheinigen. Doch auch das belegt nur die Angst vor dem Verlust der Deutungshoheit zu Fragen in allen Lebenslagen. Stichwort

'Haltequote'. Deshalb, liebe Freunde, lasst euch nicht beeindrucken von herbeigeredeter Stigmatisierung. Lasst euren Geist nicht von anderen bestimmen oder euch zum Sündenbock machen. Mein Buch "Die Lichtwesen des Tarot" verschafft euch die dazu nötige Magie (auch als Kindle eBook unter dem Titel "Tarot & Feng Shui" erhältlich).

Der Schlüssel zum Verständnis des Phänomens Esoterik liegt in der Vergangenheit. Die in der westlichen Hämisphere stattgefundene Bewegung der sexuellen Befreiung, für die das Lied "All you need is love" (The Beatles) exemplarisch zu nennen ist, führte zu einem Verlust des Sinnes. Alles wird gleichgültig. Nichts 'macht Sinn'.

Resultat: Die meisten Menschen wissen gar nicht wen oder was sie lieben, weil sie ihr Herz nicht kennen. Sie denken, sie lieben die Liebe und hüpfen quer durch alle Betten bis sie sich völlig verloren haben. Sie verlieren ihre innere Stärke, ihre Magie! Der Song „all you need is love" ist im Zusammenhang mit der Bewegung der sexuellen Befreiung als durchaus kontraproduktiv anzusehen. Er führte eine ganze Generation auf der Suche nach Liebe in die sexuelle Entgrenzung und nachfolgende Generationen glauben immer noch, dass Sexualität ein harmloser Spaß ist. Wenn aber Sexualität und Herz nicht Hand in Hand gehen, wird das Leben sinnlos. This is „The End" (The Doors).

Um diesen Weg wieder zu verlassen und umzukehren, hilft es, sich selbst - sein Herz - besser kennenzulernen, z.B. mittels 'in sich gehen' und meditieren, mittels Hinwendung zur Spiritualität. Und da Sexualität und Spiritualität in denselben körperlichen Zentren verortet sind, ist Esoterik die einzige Lösung des Problems.

Das haben inzwischen viele erkannt. Deshalb ist dieser Esoterikboom entstanden, der den Etablierten ein Dorn im Auge ist und den sie bestrebt sind, zu diskreditieren. Den Etablierten ist durchaus daran gelegen, dass die Massen ihre Magie verlieren, desto einfacher können sie nämlich manipuliert werden. Willst Du wissen, ob Du genügend innere Kraft besitzt, ob Dein seelischer Innenraum intakt ist? Hier (http://autonomie-training.de/autonomie-training/do-it-yourself-autonomie-training/) kannst Du es nachprüfen.

Magie

24. 11. 2012 - Was ist Magie?

Magie ist, wenn sich in den Handlungen der Umwelt die eigene Kraft widerspiegelt. Damit sich die Dinge im eigenen Sinne entwickeln, muss man seinen Willen auf das Ziel fokussieren. Energie folgt der Aufmerksamkeit. Je stärker der Wille und je stärker die Konzentration, desto zuverlässiger ist das Ergebnis. Deshalb übt sich der Magier in Meditation und Konzentration. Das ist aber nur die eine Seite der Medaille, gleichzeitig muss natürlich die Handlung des Magiers in der alltäglichen Welt auch auf das Ziel gerichtet sein, er kann nicht nur ausschließlich im Feinstofflichen wirken. Er muss sich zum Beispiel Verbündete suchen. Zum dritten muss noch hinzukommen, dass die gewünschte zu verwirklichende Absicht des Magiers im Einklang mit Ma'at ist, dann dürfte nichts mehr schiefgehen.

In Fällen von Mobbing ist es für das Opfer sinnvoll, Magie einzusetzen, um die eigene Seele zu stärken.
Wenn Du der Betroffene bist, dann rufe Deinen Gott (Göttin, Schutzengel etc.) an, bitte ihn um Beistand und Hilfe, das 'böse Ereignis' abzuwenden bzw. rückgängig zu machen oder in etwas Positives zu wenden. Konzentriere Dich und richte die schlechte, aus dem bösen Ereignis resultierende Emotion mithilfe Deines Beistands gegen die in frage kommende Person / Institution. Mit der Hilfe Deines Beistands (Gott, Göttin, Schutzengel etc) wird alles Schlechte gelöst und Dein Heil wieder hergestellt.

Am besten gelingt Magie demjenigen, der unschuldig ist. Dem Opfer selbst oder einem Kind beispielsweise, wenn es einen bewussten Willen hätte und die Absicht ihn einzusetzen. Leider ist das nicht der Fall. An seiner Stelle müssen Erwachsene handeln. In anderen Kulturen bittet man beispielsweise einen Vodoo-Priester anstelle von einem selbst Magie einzusetzen und opfert dafür eine Gabe. Ein solcher Priester ist von den Göttern / Geistern berufen bzw. ermächtigt, derartige Dinge durchzuführen. Oder aber man übt sich selbst im Wirken von Magie, in der Lenkung der eigenen Lebenskraft, indem man Kontakt zu Göttern / Geistern bzw. Lichtwesen sucht, Meditation regelmäßig praktiziert und immer besser lernt, die Zustände der eigenen Lebenskraft einzuschätzen.

13. 6. 2014 - Mythos Magie

Es liegt in der weiblichen Natur, sich mit den Elementen und Schwingungen in der Welt und in sich selbst zu verbinden, um neues Leben hervorzubringen, zu schützen, zu nähren und zu erhalten. Diese Fähigkeit wurde Frauen zunehmend zum Verhängnis, als sie nicht mehr zum unmittelbaren Überleben gebraucht wurde. Die besondere Fähigkeit des weiblichen Teils der Menschheit, mit der Natur zu kommunizieren und mittels psychischer Kraft Veränderungen herbei zu führen, wurde im Laufe der Geschichte als überlebenswichtig vergessen und, auch von den Frauen selbst, immer weniger verstanden. In der Zeit vom ca. 14. - 18. Jh. wurde in Europa diese Fähigkeit zunehmend dämonisiert und als 'mit dem Teufel im Bunde' verunglimpft, und zum Vorwand benutzt, Millionen Menschen, insbesondere Frauen, mittels der Inquisition zum Sündenbock zu machen und auszurotten.

Erst in der heutigen Zeit, dank der Tatsache, dass sich eine aufgeklärte Wissenskultur in Europa etabliert hat, ist man wieder in der Lage, die menschliche Natur zu entmystifizieren und sowohl religiösen als auch ideologischen Wahn in seine Schranken zu verweisen.

In Überlieferung, Literatur und Kunst finden sich Zeugnisse vom zum Teil erfolgreichen Umgang mit diversen psychischen Zuständen, in die der Mensch geraten kann, wenn es darum geht, 'böse' Ereignisse abzuwehren, um sein Leben zu gestalten.

Jedoch kennzeichnet den modernen Menschen heute im Allgemeinen mangelnde Seelenstärke (psych.: abhängige Persönlichkeitsstörung') angesichts von Widrigkeiten im Leben, sodass bereits Anfang letzten Jahrhunderts eine 'merkwürdige Sehnsucht' um sich griff, von der Meyrink wie folgt berichtet: "Es wäre ein großer Irrtum, anzunehmen, die heutige Bewegung des Okkultismus sei lediglich eine Modeströmung, etwa wie der 'Bubikopf', nein: ein sehr breiter Strom ist die seltsame Sehnsucht geworden, die heute viele Millionen von Menschen ergriffen hat; eine Sehnsucht freilich, die mit dem Bibelwort 'Mein Reich ist nicht von dieser Welt' (Johannesevangelium 18,36) nichts zu tun hat, richtet sie sich doch darauf, mit den Toten zu verkehren, magische Kräfte zu erwerben, hellsehend zu werden, um zu erfahren, was bisher hinter Schleiern von Geheimnissen lag, die Schrecken des Leidens auf Erden und den Tod zu überwinden, kurz: das Reich der Fülle sich zu eigen zu machen."

Es ist die Sehnsucht nach den abhanden gekommenen Fähigkeiten mit der Natur zu kommunizieren, für die Frauen einstmals verehrt wurden. Eine Fähigkeit, die große seelische Kraft voraussetzt.

Mit der Sehnsucht nach dieser Fähigkeit lässt sich heute viel Geld verdienen. Der Boom von z.B. 'Harry Potter', eine Fantasy-Romanreihe, in der der Held mit seinen eigenen Dämonen kämpft, beweist es.

Eine Ahnung von solch seelischer Kraft vermittelt dagegen der bekannte, im 20. Jahrhundert publizierte Roman von M. Bulgakov, 'Der Meister und Margarita'.

Bulgakov thematisiert in diesem Roman den Widerspruch zwischen Determinismus und Voluntarismus in der Sowjetunion der Stalinzeit. Seine Lösung des Problems: das Okkulte! Der Teufel holt die Technokraten! Denn die Moral von der Geschichte heißt hier: wer es schafft, seine Angst zu überwinden und somit seine Schmerzen in Entspannung zu verwandeln (wie Margarita), der trägt dazu bei, dass in die Welt seiner Widersacher aus dem Unbegrenzten (dem Verborgenen!) das Chaos hereinbricht. Es geht zum Zwecke der Seelenstärkung angesichts von Widrigkeiten demnach um Gefühlsumwandlung!

Die Gestalten (Geister), die das Chaos bei Margaritas Widersacher erzeugen, sind aus einem Paralleluniversum, dem Jenseits oder aus der Unterwelt ins Diesseits gewechselt, um Margarita zuhilfe zu eilen. Sie wurden herbeigerufen durch Margaritas Fähigkeit zur Gefühlsumwandlung zum Zwecke der Seelenstärkung angesichts der Widrigkeiten in ihrem Leben. Denn Magie ist eine unabhängige Energie. Sie steht jedem von uns zur Verfügung und sie wird aktiviert durch Gefühlsumwandlung. Grundvoraussetzung hierfür ist die

Fähigkeit zu entspannen. Dann wird Magie zu einer wirkenden Kraft. Entspannung wiederum bedeutet, sich selbst im Griff zu haben, solche Gefühle wie Wut, Angst, Wahn etc. - die Schatten! - souverän zu managen.

Hexen führen ein Buch der Schatten, um sich daran zu erinnern, welche spirituellen Werkzeuge ihnen bei der Umwandlung von Schatten in Licht geholfen haben.

Jedoch kann jeder von uns durch Reinigung des Herzens (Gefühlsumwandlung!) seine Seele stärken und dadurch Geister aus der Unterwelt zur Lösung seiner Probleme einsetzen, z. B. Tarot-Geister rufen. Siehe hierzu mein Buch: Die Lichtwesen des Tarot.

Hexenkunst

6.1.2009 - Glaubensbekenntnis

Es ist ja so einfach, wenn man durch die Hinwendung zur Religion vor der Wirklichkeit im Hier und Jetzt davon laufen kann. Das gilt für alle jenseitsorientierten Religionen: für die drei monotheistischen Religionen ebenso wie für Hinduismus und Buddhismus. Sie suchen alle das Paradies im Jenseits bzw. die Befreiung vom Samsara (Rad der Wiedergeburt) und haben vergessen, dass man das Paradies auch im Jenseits aktiv selbst gestalten muss.
Dabei wussten schon die Megalithkulturen, dass es, wenn man mit der Göttin mitschöpft, noch im Diesseits aus dem Leiden wieder herausgehen kann. Deshalb folge ich dem ‚Alten Pfad'. Taoismus ist auch eine Möglichkeit.

16.1.2009 - Wünsch dir was wenn Vollmond ist!

Wenn der Mond aufgegangen ist: Gehe zum Fenster oder in den Garten oder auf den Balkon, hebe die Arme, konzentriere dich auf deinen Zauberstab oder Zeigefinger, sieh den Mond an und begrüße

ihn:
Sei willkommen Göttin in dieser Nacht!
Stärke mein Wandeln mit Energie zum Handeln.
Schenk mir den Zauber, an den ich gedacht.
Warte andächtig ab und fühle die Energie, die durch Deinen
Zauberstab oder Zeigefinger in Deine Arme fließt, lege Deine Hände
übereinander auf Dein Herzchakra und visualisiere wie die Energie
über Deine Hände ins Herzchakra fließt. Verweile einen Moment und
danke der Göttin, indem Du Deine Hände mit den Handflächen
zusammen legst und bei geschlossenen Handflächen mit den
Fingerspitzen Dein Drittes Auge berührst. Verneige Dich
ehrfurchtsvoll. Dann gehe an Deinen Lieblingsplatz oder vor Deinen
Altar, treufle einen Tropfen ätherisches Öl (Lieblingsduft!) auf einen
Kristall. Vielleicht möchtest Du leise Meditationsmusik im
Hintergrund abspielen. Nun ziehe mit der Energie aus dem Mondlicht
um Dich herum den magischen Kreis. Begib dich in Deine
Meditationshaltung. Atme tief und ziehe Dich langsam mit jedem
Atemzug tiefer in Dich zurück bis Du ruhig und entspannt bist.

Visualisiere vor Deinem inneren Auge Deinen glückbringenden Ort
(ganz nach Deiner Fantasie), schaue Dich dort um und erkunde den
Ort genauer. Irgendwo entdeckst Du eine Lichtung oder runden Platz
oder Steinkreis in dessen Mitte ein Baum steht oder ein Feuer brennt
oder ein Brunnen sprudelt. Gehe in dieses Rondell. Hier wartest Du
auf zwei weitere Begleiter, die Dich zu einem Ort auf der Erde
begleiten, der ein Kraftort ist, das heißt, wo der Kontakt zu Mutter
Erde am intensivsten ist.
Wenn die Begleiter angekommen sind, begrüßt ihr Euch und fasst
Euch an den Händen. Ihr seid jetzt zu Dritt. Einer von Euch wird die
Führung (wie bei einer Polonaise) übernehmen, während ihr Euch
weiter bei den Händen haltet. Ihr geht jetzt an den Rand des Rondells.
Dort befindet sich eine Nebelwand. Ihr geht in den Nebel hinein und
durchschreitet ihn. Wenn sich der Nebel verzogen hat, steht ihr an
irgendeinem Ort auf der Erde. Es ist Euer Kraftplatz. Hier werden
Wünsche übergeben. Ihr lasst Eure Hände los und erkundet den Ort
jeder für sich. Ihr sucht in der Gegend herumliegende lose Steine
zusammen und häuft sie gemeinsam zu einem größeren Steinhaufen
auf. Jeder von Euch nimmt sich einen Stein und schreibt seinen

Herzenswunsch darauf. Der Stein nimmt den Wunsch in sich auf. Ihr seht wie die Schrift in ihm verschwindet. Jetzt legt jeder seinen Stein wieder zu den anderen im Haufen, dabei steht ihr um den Steinhaufen herum und fasst Euch an den Händen, so dass ihr einen geschlossenen Kreis bildet, in dessen Mitte sich der Steinhaufen befindet. Jezt sprecht gemeinsam:

Erde, Erde, Steine, Steine,
wir übergeben euch das eine,
das uns ist nicht einerlei,
wie wir Gaia's Kraft beschwören,
möge Gaia uns ernähren,
durch die Macht von Drei mal Drei
wirke der Zauber, auf dass es so sei.

Ihr habt Euren Wunsch nun dem Bauch der Erde übergeben, damit er dort wächst und gedeiht und eines Tages, wenn die Zeit gekommen ist, in Erfüllung geht.

Ihr verneigt Euch vor Gaia an diesem Ort, dreht Euch zur Nebelwand um und geht genauso wie ihr gekommen seid, Euch in einer Reihe an den Händen haltend nacheinander durch die Nebelwand zurück ins Rondell. Dort verabschiedet ihr Euch voneinander, indem ihr Euch gegenseitig voreinander verneigt.

Verlasse nun langsam den Ort und komme allmählich wieder zurück in die Gegenwart. Atme mehrmals tief durch und öffne die Augen.

Vergewissere Dich Deiner Umgebung bis Du wieder ganz wach bei Dir selbst bist. Stehe auf und öffne den magischen Kreis.

Sprich: Der Kreis ist geöffnet – doch nicht gebrochen. Auf dass alle Lebewesen und Elemente, die an diesem Ritual teilnahmen niemals zu Schaden kommen.

Denke nun nicht weiter darüber nach, vergiss es und nimm Deinen Alltag wieder auf.

Das Ganze soll nicht länger als 15 Min. dauern.

16.1.2009 - Verwandlung

Auszuführen an Vollmond! Wenn der Mond aufgegangen ist: Gehe zum Fenster oder in den Garten oder auf den Balkon, hebe die Arme, konzentriere dich auf deinen Zauberstab oder Zeigefinger, sieh den Mond an und begrüße ihn:

Sei willkommen Göttin in dieser Nacht!
Stärke mein Wandeln mit Energie zum Handeln.
Schenk mir den Zauber, an den ich gedacht.
(z.B. Durchsetzungskraft für ein Vorhaben, Hilfe für eine Heilung,
Freude für deinen Alltag, je nach dem was du brauchst, denke es dir
selbst aus)
Warte andächtig ab und fühle die Energie, die durch Deinen
Zauberstab oder Zeigefinger in Deine Arme fließt, lege Deine Hände
übereinander auf Dein Herzchakra und visualisiere wie die Energie
über Deine Hände ins Herzchakra fließt. Verweile einen Moment und
danke der Göttin, indem Du Deine Hände mit den Handflächen
zusammen legst und bei geschlossenen Handflächen mit den
Fingerspitzen Dein Drittes Auge berührst. Verneige Dich
ehrfurchtsvoll. Dann gehe an Deinen Lieblingsplatz oder vor Deinen
Altar, treufle einen Tropfen ätherisches Öl (Lieblingsduft!) auf einen
Kristall. Vielleicht möchtest Du leise Meditationsmusik im
Hintergrund abspielen. Nun ziehe mit der Energie aus dem Mondlicht
um Dich herum den magischen Kreis. Begib dich in Deine
Meditationshaltung. Atme tief und ziehe Dich langsam mit jedem
Atemzug tiefer in Dich zurück bis Du ruhig und entspannt bist.

Visualisiere vor Deinem inneren Auge Deinen glückbringenden Ort
(ganz nach Deiner Fantasie), schaue Dich dort um und erkunde den
Ort genauer. Irgendwo entdeckst Du eine Lichtung oder runden Platz
oder Steinkreis in dessen Mitte ein Baum steht oder ein Feuer brennt
oder ein Brunnen sprudelt. Rechts von Dir erblickst du einen Weg,
ein Pfad oder eine Allee. Du folgst diesem Weg bis Du zu einem Tor
oder Gatter oder eine Tür in einer Gartenmauer kommst. Du öffnest
die Tür oder das Tor oder das Gatter und trittst ein. Du bist in Deinem
inneren Garten. Schaue Dich um. Wie sieht Dein Garten aus?
Befindet sich irgendwo Wasser? Tragen die Pflanzen Früchte? Was
wachsen dort für Pflanzen. Sieht der Garten verwildert aus oder ist er
sehr gepflegt? Gehe umher und ordne alles was geordnet werden
muss. Gib den Pflanzen Wasser, jäte Unkraut, wenn nötig, sammle
heruntergefallene Früchte auf. Mache alles so, wie du es für richtig
hältst, wie es dir gefällt. Wenn Du zufrieden bist mit Deiner Arbeit,
dann nimm das an Dich, was du ernten konntest aber auch das
Unkraut, das entfernt werden musste. Packe alles zusammen und gehe

wieder durch den Eingang zum Garten nach draußen auf den Weg und gehe ihn genauso zurück wie du gekommen bist. Wenn Du wieder im Rondell bist, setze Dich hin und schaue Dir nochmals an was Du geerntet hast oder welches Unkraut Du ausreissen musstest. Vielleicht kommt jemand zu dir, dann esst gemeinsam die Früchte und / oder verbrennt gemeinsam das Unkraut. Wenn niemand kommt, tue es allein. Verabschiede Dich und verlasse nun langsam den Ort und komme allmählich wieder zurück in die Gegenwart. Atme mehrmals tief durch und öffne die Augen.

Vergewissere Dich Deiner Umgebung bis Du wieder ganz wach bei Dir selbst bist. Stehe auf und öffne den magischen Kreis.

Sprich: Der Kreis ist geöffnet – doch nicht gebrochen. Auf dass alle Lebewesen und Elemente, die an diesem Ritual teilnahmen niemals zu Schaden kommen.

Denke nun nicht weiter darüber nach, vergiss es und nimm Deinen Alltag wieder auf.

Das Ganze soll nicht länger als 15 Min. dauern.

16.1.2009 - Schutz für die dunkle Jahreszeit

Wenn der Mond aufgegangen ist: Gehe zum Fenster oder in den Garten oder auf den Balkon, hebe die Arme, konzentriere dich auf deinen Zauberstab oder Zeigefinger, sieh den Mond an und begrüße ihn:

Sei willkommen Göttin*) in dieser Nacht!

Stärke mein Wandeln mit Energie zum Handeln.

Schenk mir den Zauber, an den ich gedacht.

(z.B. Durchsetzungskraft für ein Vorhaben, Hilfe für eine Heilung, Freude für deinen Alltag, je nach dem was du brauchst, denke es dir selbst aus)

Warte andächtig ab und fühle die Energie, die durch Deinen Zauberstab oder Zeigefinger in Deine Arme fließt, lege Deine Hände übereinander auf Dein Herzchakra und visualisiere wie die Energie über Deine Hände ins Herzchakra fließt. Verweile einen Moment und

---

*Hier kannst Du den Namen Deiner Lieblingsgöttin einsetzen. (Die Göttin ist überall im ganzen Universum und in uns selbst. Der Mond ist nur eine der Erscheinungsformen der göttlichen Kraft, der traditionell stellvertretend für das Ritual benutzt wird.)

danke der Göttin, indem Du Deine Hände mit den Handflächen zusammen legst und bei geschlossenen Handflächen mit den Fingerspitzen Dein Drittes Auge berührst. Verneige Dich ehrfurchtsvoll. Dann gehe an Deinen Lieblingsplatz oder vor Deinen Altar, treufle einen Tropfen ätherisches Öl (Lieblingsduft!) auf einen Kristall. Vielleicht möchtest Du leise Meditationsmusik im Hintergrund abspielen. Nun ziehe mit der Energie aus dem Mondlicht um Dich herum den magischen Kreis. Begib dich in Deine Meditationshaltung. Atme tief und ziehe Dich langsam mit jedem Atemzug tiefer in Dich zurück bis Du ruhig und entspannt bist.

Visualisiere vor Deinem inneren Auge Deinen glückbringenden Ort oder inneren Garten (ganz nach Deiner Fantasie), schaue Dich dort um und erkunde den Ort genauer. Irgendwo entdeckst Du eine Lichtung oder runden Platz oder Steinkreis in dessen Mitte ein Baum steht oder ein Feuer brennt oder ein Brunnen sprudelt. Links davon ist eine Bühne oder Podest mit einem schwarzen Vorhang und einem silbernen Mond. Gehe auf den Vorhang zu. Der Vorhang öffnet sich, du trittst hindurch in eine unbegrenzte Weite und hinter dir schließt sich der Vorhang. Du schaust dich um. Du kannst die Anwesenheit der Göttin spüren, aber sie nicht sehen. Sie ist gestaltlos. Du kniest nieder und verbeugst dich in tiefer Demut. Du bittest nun die Göttin um einen Schutz für die kommende dunkle Jahreszeit. Die Göttin segnet dich und du dankst ihr für ihren Segen, indem Du Deine Handflächen zusammen legst und bei geschlossenen Handflächen mit den Fingerspitzen Dein Drittes Auge berührst. Du erhebst dich und drehst dich langsam um und öffnest die Hände. Vor dir öffnet sich gleichzeitig der Vorhang und du gehst wieder hindurch zurück an den Ort, von dem du gekommen bist. Dort angekommen blickst du eine Weile alles genau an, bis du irgendetwas siehst, das für dich bestimmt ist. Es ist vielleicht ein Gegenstand, ein Symbol oder vielleicht eine Person, ein Tier oder eine Pflanze. Was es auch ist, es ist zu Deinem Schutz da. Du nimmst es dankbar an. Ein Symbol befestigst du irgendwo an deinem Körper, einen Gegenstand, eine Pflanze oder einen Stein nimmst Du an Dich, eine Person nimmst Du vertrauensvoll an die Hand, ein Tier bittest Du Dich zu begleiten. Verlasse nun langsam den Ort und komme allmählich wieder zurück in die Gegenwart. Atme mehrmals tief durch und öffne die Augen.

Vergewissere Dich Deiner Umgebung bis Du wieder ganz wach bei Dir selbst bist. Stehe auf und öffne den magischen Kreis.

Sprich: Der Kreis ist geöffnet – doch nicht gebrochen. Auf dass alle Lebewesen und Elemente, die an diesem Ritual teilnahmen niemals zu Schaden kommen.

Denke nun nicht weiter darüber nach, vergiss es und nimm Deinen Alltag wieder auf.

Das Ganze soll nicht länger als 15 Min. dauern.

16.1.2009 - Reichtumszauber

Ausführung selbstverständlich freiwillig, auf eigene Gefahr und ohne Gewähr.

Auszuführen in einer Vollmondnacht an Walpurgis, das ist die Nacht zum 1. Mai (Beltane).

Wenn der Mond aufgegangen ist: Gehe zum Fenster oder in den Garten oder auf den Balkon, sieh den Mond an und begrüße ihn:

Sei willkommen Göttin in dieser Nacht!

Stärke mein Wandeln mit Energie zum Handeln.

Schenk mir den Zauber, an den ich gedacht.

Warte andächtig ab und verweile einen Moment und danke der Göttin, indem Du Deine Hände mit den Handflächen zusammen legst und bei geschlossenen Handflächen mit den Fingerspitzen Dein Drittes Auge berührst. Verneige Dich ehrfurchtsvoll und sei Dir gewiss, dass die Göttin Dich schützt.

Dann gehe an Deinen Lieblingsplatz oder vor Deinen Altar, treufle einen Tropfen ätherisches Öl (Lieblingsduft!) auf einen Kristall. Vielleicht möchtest Du leise Meditationsmusik im Hintergrund abspielen. Nun ziehe um Dich herum den magischen Kreis groß genug. Begib dich in Deine Meditationshaltung. Atme tief und ziehe Dich langsam mit jedem Atemzug tiefer in Dich zurück, bis Du ruhig und entspannt bist.

Nimm ein Amulett, das für dich Reichtum symbolisiert und weihe es folgendermaßen. Lege es vor dich hin, halte Deine Handflächen ca. 1 cm darüber, konzentriere dich auf deine Hände und auf die

Vorstellung, dass weißes Mondlicht aus deinen Handflächen strömt und in das Amulett fließt. Wenn du meinst, es sei genügend Energie ins Amulett geflossen, stehe auf, nimm das Amulett und lege es ins Mondlicht (z.B. auf die Fensterbank) und sage einen Spruch dazu, z.B. diesen:

Mit der Hilfe dieser Nacht,
deren Macht ins Amulett gebracht,
sei es ausgemacht,
dass die Kräfte sich vermehren,
um das Leben zu erneuern,
dass die Sorgen sich verzehren
und die Not soll sich zerstreuen.
Liebe, Glück, Gesundheit, Geld
strömen zu mir und herbei.
Durch die Macht von ‚drei mal drei'
wirke der Zauber, damit es so sei.
Öffne den magischen Kreis. Sprich: Der Kreis ist geöffnet – doch nicht gebrochen. Auf dass alle Lebewesen und Elemente, die mir hierbei beigestanden haben niemals zu Schaden kommen.
Lass das Amulett im Mondlicht liegen bis der Mond nicht mehr scheint. Dann nimm es an dich und lege es in deine Geldbörse oder trage es auf andere Weise immer bei dir.

16.1.2009 - Treffen in der Mittelwelt

Vollmondritual (Teilnahme selbstverständlich freiwillig und auf eigene Gefahr. Auszuführen wenn der Vollmond aufgegangen ist.)

Wenn der Mond aufgegangen ist: Gehe zum Fenster oder in den Garten oder auf den Balkon, hebe die Arme, konzentriere dich auf deinen Zauberstab oder Zeigefinger, sieh den Mond an und begrüße ihn:
Sei willkommen Göttin in dieser Nacht!
Stärke mein Wandeln mit Energie zum Handeln.
Schenk mir den Zauber, an den ich gedacht.
(z.B. Durchsetzungskraft für ein Vorhaben, Hilfe für eine Heilung, Freude für deinen Alltag, je nach dem was du brauchst, denke es dir selbst aus)

Warte andächtig ab und fühle die Energie, die durch Deinen Zauberstab oder Zeigefinger in Deine Arme fließt, lege Deine Hände übereinander auf Dein Herzchakra und visualisiere wie die Energie über Deine Hände ins Herzchakra fließt. Verweile einen Moment und danke der Göttin, indem Du Deine Hände mit den Handflächen zusammen legst und bei geschlossenen Handflächen mit den Fingerspitzen Dein Drittes Auge berührst. Verneige Dich ehrfurchtsvoll und sei Dir gewiss, dass die Göttin Dich schützt.

Dann gehe an Deinen Lieblingsplatz oder vor Deinen Altar, treufle einen Tropfen ätherisches Öl (Lieblingsduft!) auf einen Kristall. Vielleicht möchtest Du leise Meditationsmusik im Hintergrund abspielen. Nun ziehe mit der Energie aus dem Mondlicht um Dich herum den magischen Kreis. Begib dich in Deine Meditationshaltung. Atme tief und ziehe Dich langsam mit jedem Atemzug tiefer in Dich zurück bis Du ruhig und entspannt bist.

Visualisiere vor Deinem inneren Auge Deinen glückbringenden Ort oder inneren Garten (ganz nach Deiner Fantasie), schaue Dich dort um und erkunde den Ort genauer. Irgendwo entdeckst Du eine Lichtung oder runden Platz oder Steinkreis in dessen Mitte ein Baum steht oder ein Feuer brennt oder ein Brunnen sprudelt. Drum herum sind Stühle oder Bänke oder Sitzkissen und nach und nach kommt jemand und setzt sich zu Dir und begrüßt Dich oder redet mit Dir. Vielleicht habt ihr euch viel zu erzählen, vielleicht freut ihr euch, euch zu treffen. Vielleicht seht ihr euch zum ersten mal oder ihr kennt euch schon lange. Vielleicht wollt ihr zusammen spazieren gehen, singen oder tanzen. Ihr könnt tun was ihr möchtet. Dann verabschiedet ihr euch wieder voneinander.

Verlasse nun langsam den Ort und komme allmählich wieder zurück in die Gegenwart.

Wen hast Du getroffen? Was hast Du erlebt? Hat es Dich gefreut?

Vergewissere Dich Deiner Umgebung bis Du wieder ganz wach bei Dir selbst bist. Stehe auf und öffne den magischen Kreis.

Sprich: Der Kreis ist geöffnet – doch nicht gebrochen. Auf dass alle Lebewesen und Elemente, die an diesem Ritual teilnahmen niemals zu Schaden kommen.

Denke nun nicht weiter darüber nach, vergiss es und nimm Deinen Alltag wieder auf.

16.1.2009 - Die heilige Drei

Matriarchat: Muttergöttin, Gott (= ihr Sohn), Schöpfungskraft;
Hinduismus: Vishnu, Shiva, Brahma;
Patriarchat: Vater, Sohn, heiliger Geist;
Astrologie: Sonnenzeichen, Mondzeichen, Aszendent;
Esoterik: Geist, Körper, Seele;
Psychologie: Ich, Es, Überich
Naturgesetz: Pol, Gegenpol, Ausgleichskraft;
Hexenglauben: Diana, Persephone, Hekate
         Catharina (C), Margaretha (M), Barbara (B)
      (Die dreigestaltige Göttin – die drei Aspekte der Luna)

„... und Drei mach gleich, so bist du reich...“ (Goethe, Hexeneinmaleins).

Durch die Macht von drei mal drei wirke der Zauber, damit es so sei!

17.9.2009 - 'Wiccan Rede' leicht abgewandelt

„Das Hexenrecht soll dir gehören, mit Göttin und Gott wirst du jede Angst verlieren. – Leb' ohne Sorgen von heute auf morgen. – Investiere dein Geld nur in das, was du liebst und reich strömt zurück, was immer du gibst. – Zieh den Kreis dreimal aus und halte alles Böse raus. – Die Sprüche werden wirksam sein, wenn sie geschmiedet sind im Reim. – Die Augen sanft, die Berührung zart, zuhören vor reden sei deine Art. – Wächst der Mond, geh sonnenwendig, tanz und sing das Pentakel lebendig. – Doch heult der Wolf beim blauen Eisenkraut, dann geh der Sonne entgegen, denn der Mond wird abgebaut. – Wenn der Göttin Mond in neuem Stand, küss dann zweimal ihre Hand. – Acht den Vollmond, sei bereit, für Sehnsucht im Herzen ist's die rechte Zeit. – Lässt der mächtige Nordwind sich spüren, dann streich die Segel und schließ alle Türen. – Der Wind aus Süden bringt Herzen zum glühen, auch du kannst mit ihm im Leben erblühen. – Neuigkeiten wird der Ostwind entschleiern, erwarte und bereite dich vor aufs feiern. – Hat der Wind aus Westen zu befehlen, unruhig sind dann die wandernden Seelen. – Neun

Hölzer sind für den Kessel gut, brenn sie schnell mit sanfter Glut. – *Das Gesetz der Göttin ist weise und alt, wende es an und Segen ist dein Gehalt.* – Erreicht das Jahr Walpurgisnacht, brenne ihr Feuer in voller Pracht. – Ist das Rad bei Jule arriviert, zünde die Fackeln, und Pan regiert. – Alle Pflanzen sollst du hegen, denn das bringt der Göttin Segen. – Die murmelnden Gewässer sind dein Gewissen, wirf einen Stein und du wirst es wissen. – *In deiner Not wirst du daran denken, der Staat kann auch dich, nicht nur andere beschenken. Hat er's dir genommen, kannst du es von ihm auch wieder bekommen.* – Lass dich nicht mit Toren ein, denn sie bringen dich in falschen Schein. – Empfangen und Abschied mit Wärme gemacht, dein Herz wird zum glücklichen Glühen gebracht. – Das Dreifachgesetz sei dein leitender Faden, dreimal bringt's Glück und dreimal den Schaden. – Wenn Missgeschick regiert dunkle Tage, auf deiner Stirn die Sonne dann trage. – Die, die dich lieben, wirst du niemals betrügen, sonst werden sie auch dich belügen. – *Zum Schluss diese Worte, und da gilt's: „Tu was zu tun ist. Und wenn's dir nicht schadet, auch das was du willst!!!"*"

– Übersetzung des englischen Originals der Wiccan-Rede von Lady Gwen Thompson, mit Variationen (kursiv) von Shakti Morgane -

21.6.2010 - Offenbarung der Göttin

„Höret die Worte der Großen Mutter, die von alters her von den Menschen auch Artemis, Astarte, Athene, Dione, Melusine, Aphrodite, Cerridwen, Dana, Arianrhod, Isis, Bride und bei vielen anderen Namen genannt wurde:

Wann immer ihr etwas braucht, einmal im Monat und am besten zu Vollmond, sollt ihr euch an einem geheimen Ort versammeln und meinen Geist anbeten, die ich die Königin aller Hexen bin.

Dort sollt ihr euch versammeln, die ihr die Zauberei erlernen wollt und noch nicht ihre tiefsten Geheimnisse kennt; euch werde ich all die Dinge lehren, die noch unbekannt sind.

Und ihr sollt frei sein von Sklaverei, und als Zeichen, das ihr wahrhaftig frei seid, sollt ihr nackt sein bei euren Riten, und ihr sollt singen und tanzen, feiern und Musik machen und ihr sollt euch lieben zu meinen Ehren.

Denn mein ist die Ekstase des Geistes, und mein ist auch die Freude auf Erden. Denn mein Gesetz ist Liebe zu allen Dingen.

Halte rein dein höchstes Ideal, strebe immer nach ihm, lass dich durch nichts aufhalten oder abweichen, denn mein ist das Geheimnis, dass das Tor zur Jugend öffnet, und mein ist der Kelch, der den Wein des Lebens enthält und der Kessel der Cerridwen, der der heilige Gral der Unsterblichkeit ist.

Ich bin die gütige Göttin, die das Geschenk der Freude in das Herz der Menschen legt. Der Erde gebe ich das Wissen um den ewigen Geist und nach dem Tod gebe ich Frieden und Freiheit und die Wiedervereinigung mit denen, die vorher gegangen sind.

Und ich verlange keine Opfer, denn siehe: Ich bin die Mutter allen Lebens und meine Liebe ergießt sich über die Erde.

Höret die Worte der Sterngöttin, der die Heerscharen des Himmels im Staub zu ihren Füßen liegen, Sie, deren Körper das Universum umfängt:

Ich, die ich die Schönheit der grünen Erde bin, und die weiße Mondin unter den Sternen, und das Mysterium der Wasser, und das Verlangen in den Herzen der Menschen, rufe deine Seele, sich zu erheben und zu mir zu kommen.
Denn ich bin die Seele der Natur, die dem Universum das Leben gibt. Von mir kommen alle Dinge und zu mir müssen sie zurückkehren.

Und in meinem Angesicht, dass von Göttern und Menschen geliebt wird, soll dein innerstes, göttliches Selbst in den Taumel des Unendlichen gehüllt sein.

Lass meine Verehrung in einem Herzen voller Freude sein, denn siehe, alle Handlungen der Liebe und der Freude sind meine Rituale.

Deshalb sollen in dir Schönheit und Kraft, Macht und Mitleid, Ehre und Bescheidenheit, Freude und Verehrung sein.

Und du, der du daran denkst mich zu suchen, wisse dass all dein Suchen und Sehnen dir nicht helfen wird, es sei denn du kennst das Mysterium: Dass, wenn du das, was du suchst, nicht in dir findest, du es niemals im Außen finden wirst.

Denn siehe, ich war mit dir vom Anfang an und ich bin, was am Ende des Verlangens erreicht wird."

(Quelle: Doreen Valiente 'The Charge of the Goddess')

24.9.2011 - Der Tanz mit dem Schleier – Geheimnis der Unsterblichkeit

Jede Frau stellt gleichzeitig mit ihrem Frau-Sein die Verkörperung eines Geheimnisses dar – das Geheimnis des Lebens.
Wenn etwas geheim ist, dann ist es unseren Blicken entzogen, es ist verschleiert, es ist unbekannt. So sagt ISIS (altägyptische Göttin): *Ich bin alles, was gewesen ist und ist, und sein wird, und kein Sterblicher hat meinen Schleier gelüftet.*

Religiöses Verschleiern wird zwar heute im Zuge der männlich bestimmten Moderne mit dem Warencharakter von Frauen gleichgesetzt, es erinnert aber, da ursprünglich aus Ekstasekulten stammend, gleichzeitig auch an dieses Unbekannte[*], an das Geheimnis des Lebens.
Die Frau – das unbekannte Wesen – die Verkörperung der Großen Göttin, ist gleichzeitig die Verkörperung geheimen Wissens über die Unsterblichkeit. Der Schleier trennt Diesseits von Jenseits. Den

---

[*]   Die eigene Angst vor dem Unbekannten ist es wohl auch, mit der sich die westliche Gesellschaft durch ganzkörperverschleierte Frauen konfrontiert sieht und deshalb das Verbot des Ganzkörperschleiers in Westeuropa so vehement fordert. Gegen den Warencharakter von Frauen will man indes nichts unternehmen.

Schleier zu lüften, das Dunkle zu durchschreiten bedeutet, den Weg in die Unsterblichkeit und damit die Befreiung von allem Leiden zu kennen.

Der Tanz mit dem Schleier ist demnach die Demonstration der Herrschaft über das Dunkle, das Unbekannte und damit die Demonstration von Wissen und Auferstehung.

Entsprechend kann Schleiertanz benutzt werden, um den Zuschauer durch die trance-induzierenden Reize dieses Tanzes in einen anderen Bewusstseinsbereich zu ziehen, der wie im Traum den Alltag verschwinden lässt und inneres Sehen begünstigt. Schleiertanz, wenn er gut gemacht ist, begünstigt schlicht und ergreifend Hellsehen - für den, der dazu veranlagt ist.

Schleier, Grenze, Nebel, Schatten, Schwelle, Zaun etc. Alles Worte für das Ende, den Tod, das Hindernis, den Abgrund und den Übergang – zwischen zwei Bereichen. Hagazussa – die Zaunreiterin – die Hexe kennt beide Bereiche. Die Hexe und die Göttin sind beides Begriffe für das Wissen und die Macht der Frauen. Der Schleier ist Attribut des Weiblichen und Schleiertanz ist für den Eingeweihten Mittel zum Hellsehen. Im griechischen Schöpfungsmythos tanzt die Göttin wild in der Finsternis bis sich ein Nebel, Schleier, Wind (Melodie! / Gedanke!) hinter ihr erhebt. Es ist 'Ophion', die große Schlange. Sie ergreift die große Schlange, die sich mit ihr paart, sie wird schwanger und gebiert das Licht.

Die Tage werden kürzer. Die Schatten werden länger, Nebel kommt auf. Mabon liegt hinter uns und Samhain steht bevor. Auf den Herbst einstimmen, die 'Nebel von Avalon' durchschreiten und der Göttin begegnen. Was liegt näher als das dunkle Geheimnis zu feiern mit magisch, mystischen Schleiertänzen.

19. 06. 2015 - Das Feuer von innen, Carlos Castaneda

Rezension des Buches: Das Feuer von innen

Der Autor hat mehrere Bücher über seine Zeit als Zauberlehrling bei einem Yaqui Indianer geschrieben. Diese Bücher werden oft als

Lehre, im Sinne einer Philosophie verstanden. Anhand des vorliegenden Buches wird das Fiktionale der Erzählung daran erkennbar, dass der Autor Zustände „gesteigerter Bewusstheit" beschreibt, von denen er gleichzeitig berichtet, dass er sich an diese eigentlich gar nicht hätte erinnern können, um sie aufzuschreiben. Allein dieses Paradoxon führt bereits auf die Fährte der Fiktion.

Handelt es sich um Fiktion, ist der Leser aufgefordert, zwischen den Zeilen zu lesen, um eine tiefer liegende Wahrheit herauszufinden. Diese autobiographische Erzählung ist demnach nicht wörtlich zu nehmen, was jedoch viele Leser tun und was durch die Sprachkomposition der Erzählung beabsichtigt wird. Es soll vorgekommen sein, dass sich Leser in den 80igern auf La Gomera nach der Lektüre von Castanedas Büchern in der Annahme, frei und unsterblich zu sein, von den Klippen gestürzt haben.

Worum geht es?

Der Autor beschreibt hauptsächlich eine dem rationalen Denken und dem Alltagsbewusstsein entgegengesetzte Wirklichkeit, die nicht einfach mit der Gefühlswelt identisch ist sondern darüber hinaus existentielle Wahrheiten des Menschen wie Leben, Tod, Geburt, Traum, Macht, Konkurrenz, Sex, Feindschaft etc. umfasst. Kurz alles, was das Leben ausmacht und womit jeder rechnen muss. Worauf es ankäme ist, die Orientierung im Drama des Daseins zu bewahren oder zu erlangen und mit der eigenen Energie haushalten zu lernen. Hierbei hilft die Erweiterung des Bewusstseins. In dieser Kunst wird der Autor vom Yaqui Schamanen Don Juan unterwiesen und der Leser erfährt auf 287 Seiten, wie es dem Autor dabei ergangen ist.

So erhält der Autor Unterweisungen für die „linke" und „rechte" Seite. Die auf den Intellekt abzielenden Erklärungen des Schamanen sind für die „rechte Seite" gedacht. Der Leser kann der Lektüre entnehmen, dass während der Dauer der Lehrzeit das Weltbild des Autors allmählich zerstört oder in Einzelteile zerlegt wurde und wieder neu zu einem andersartigen Weltbild zusammengesetzt wurde. Bei den Unterweisungen für die „rechte Seite" ist daher viel über den „Montagepunkt" und „Bewusstsein" nach indianischen Vorstellungen die Rede, wie z.B. „Glut der Bewusstheit", „Emanationen der Bewusstheit". Es wird vom „Adler" erzählt, der das Bewusstsein zum Zeitpunkt der Empfängnis verleiht und zum Zeitpunkt des Todes wieder verschlingt. Ein Krieger müsse „sehen" lernen, um dem

„Adler" zu entgehen. Die Rede ist von „alten und neuen Sehern", vom „Verbündeten", den man besiegen müsse und noch anderes mehr.

Die allmähliche Zerstörung des Weltbilds durch die Unterweisungen für die „linke" und „rechte" Seite geht nicht ohne erhebliche hysterische Anfälle des Autors vonstatten. Was durchaus verständlich ist.

Die Unterweisungen für die „linke Seite" beinhalten hauptsächlich die im Zustand der „gesteigerten Bewusstheit" ablaufenden Ereignisse, die aber, wie vom Autor gesagt, der Erinnerung unzugänglich bleiben.

Genau genommen ist mit dem Begriff „linke Seite" daher das Unterbewusstsein gemeint. Und der Autor befand sich bei den Unterweisungen für die „linke Seite" nicht in einem Zustand „gesteigerten Bewusstseins" sondern in Trance oder in einem hypnotischen Zustand und hatte dementsprechende Absenzen.

Die benutzte Sprache ist aber entscheidend für die Suggestivkraft der Fiktion. Wenn der Autor diese Dinge beim richtigen Namen genannt hätte, wäre der mystifizierende Effekt verloren gegangen, der den Leser gefangen nehmen soll.

Zuletzt erfährt man, dass der indianische Schamane vom „inneren Feuer" ausgefüllt wird und wie vom Winde verweht in die Unendlichkeit entschwindet, und dass der Autor „in den Abgrund springt".

Beides sind natürlich Metaphern, da es sich, wie wir gesehen haben, um Fiktion handelt. Das erste ist eine Metapher für Erleuchtung - von buddhistischen Mönchen seit Jahrtausenden angestrebt – und das andere ist eine Metapher für die Überwindung von Angst.

Der Autor spielt in genialer Weise mit der alten Sehnsucht des Menschen nach Wissen und Unsterblichkeit. Simple Gemüter seien jedoch gewarnt, die Erzählung wörtlich zu nehmen, denn das kann aufgrund der mystifizierenden Sprache durchaus gefährlich werden.

Ein Buch über die 'andere Wirklichkeit', das ohne mystifizierende Sprache auskommt, ist mein Buch „Hexenmondin".

8. 9. 2016 - Hexenkunst

'Hexe sein' beeinhaltet eine bestimmte Sicht der Welt und eine bestimmte Geisteshaltung. Diese Weltsicht, entstanden aufgrund langer Erfahrung im Umgang mit der Natur und mit der menschlichen Psyche, ermöglicht zusammen mit der Kraft reinen Herzens und der Einhaltung bestimmter Regeln (z.B. Feiern der Jahresfeste, Führen des Buchs der Schatten, Hexenethik, etc.) potenziell folgende Fähigkeiten:

1. Mittels Orakel, Kristall, Schwarzspiegel etc. in eine mögliche Zukunft sehen
2. Mit Tieren kommunizieren
3. Zauber wirken bzw. Energien lenken
4. Zwiegespräche mit der Natur und deren Geistwesen führen
5. Herbeirufen von Elementals und Lichtwesen
6. Kontakt zur Unter- oder Anderswelt
7. Astralprojektionen und luzides Träumen
8. Magisch wirken durch innere Stärke in Gestik, Ritual, Willenskraft und Instinkt
9. Wandern zwischen den Welten (Schamanisch Reisen)
10. Heilung / Schädigung
11. Verfluchen und brechen von Flüchen. (Verwünschungen werden meist als Bestrafung eingesetzt. Anders als schwarzmagische Manipulationen äußern sich Hexenflüche dadurch, dass sie wieder verschwinden, ohne weiteren Schaden anzurichten, wenn man seine Schuld aussühnt.)
12. Mittels der Spirits für die Sicherheit der Seele im Diesseits und im Jenseits sorgen
13. Kontakt zu Göttern und Verstorbenen aufnehmen

Hexen haben die den 'normalen' Menschen abhanden gekommene Fähigkeit bewahrt, die vierte Dimension zu betreten. Die vierte Dimension wurde bei den alten Ägyptern 'das Unbegrenzte' genannt. Wir können sie auch als Astralebene bezeichnen. Über unsere Gefühlswelt haben wir Zugang zu ihr. In ihr können wir ebenso Kontakt zu unseren inneren Dämonen wie zu Lichtwesen aufnehmen. Die Kommunikation mit der Astralebene erfolgt in der Regel im Schlaf via Traumwelt. Die in den Traum gesendeten Botschaften aus der Astralebene bzw. der vierten Dimension können mit dem eigens von mir entwickelten Göttinnen- und Tarot-Orakel gedeutet werden (siehe das Buch „Kalender der Göttin"). Beispiel für ein erfolgreiches

Wandern zwischen den Dimensionen ist meine Erzählung "Hexenmondin".

17.1.2011 - Spell

(laut vorzulesen, auch im Chor, möglichst von armen Menschen, möglichst an Vollmond)

Geisteswissenschaftler Sloterdijk,
der bestimmen will armer Leute Geschick,
sitzt im Elfenbeinturm,
zu seinem Glück.
Er erteilt Ratschläge der Welt,
und es ist ihm egal wie schmerzlich es ist,
wenn einem einer hinterrücks in den Rücken fällt.
Gibt die Schuld denen, die arm.
Das find ich infam.
Drum, oh Göttin, lege ich in Deine Hand
die Rechnung, die Sloterdijk mit den Armen erfand.
Damit die Reichen
nicht geh'n über Leichen
mögest Du diese Rechnung begleichen.
Sloterdijk sei gebannt!

(Der Spruch ist abgesandt.
Ich bin gespannt.)

Viele, die 'Rechnungen'
zu begleichen hatten,
fanden ihr Heil im Buch der Schatten

Kommentare:

Shakti Morgane 21. April 2012

Es beginnt! Siehe hier:
http://www.spiegel.de/kultur/tv/0,1518,823835,00.html

Shakti Morgane 26. Oktober 2015

Neuer Link: http://www.spiegel.de/kultur/tv/zdf-setzt-das-philosophische-quartett-ab-a-823835.html

Religion

16.1.2009 - Samsara und Nirvana

"Die Welt ist Erscheinung im Ich--Ich ist Erscheinung in der Welt --wesenlose Erscheinung--Erscheinung des Wesens dieser Welt;-- Gottheit in der Erscheinung zum Ich gesunken, im Ich zeitlich an Ort gebannt, im Ich leidende Gottheit--unseelig--selbstvergessen.

*

Samsara ist durch Widersinn, keine Wahrheit in Samsara.
Aus traumlosem Schlafe erwachst du träumend--träumend glaubst du an die erträumte Welt und an dich selbst. Du jagst nach Träumen und was du erreichst, ist Traum. Erfaß es wohl: nichts mehr. Vom Traum zu Traum enttäuscht, schaffst du in dir den rettenden Gedanken: diese Welt ist nicht Wahrheit, diese Welt ist eigengeschaffenes Trugbild.
Was du draußen suchst ist in dir selbst: nach außen langend erlangst du räumlich, was du zeitlich aus dir hinausverlegst; die ganze Welt erlangend, erlangst du dich selbst.
Im Feuer der Erkenntnis entzündet sich in dir die Kraft von solchem Trug zu lassen. Du gehst in dich, du entsagst dem Schein, du kehrst dich dieser Welt ab, du bekehrst dich zu Gottheit—Gottheit in dir entringt sich der Erscheinung.
Und wie du aus ureigener Kraft die vergängliche Welt schufst, so schaffst du in dir ewige Gottheit--aller Gottesverehrung, aller Völker, aller Zeiten, aller Welten ewiges Ziel--der gewaltige Unterstrom, das Ungestillte in höchster Lust, das Tröstende in tiefstem Leid--: Religion.

*

Nur Eines ist: Gottheit--alles Andere ist Lüge.
Erwache! Blinder Glaube in dir hält dich in den Fesseln törichter
Hoffnung, in ewig erneuter Enttäuschung; deine Sinne halten dich in
Leiden und Tod. Erwache aus dem Banne nimmer gestillten
Verlangens, erwache aus friedloser Tat, erwache aus Geburt und Tod.
Tod ist für Tote.
Im Kerker und an den Karren geschmiedet schwinge ich mich aus
Ketten und Mauern hinaus--aus Qualen und Herrlichkeiten dieser
Welt--in zeitlosem Augenblicke durcheile ich, des Leibes ledig, alle
Räume und alle Zeiten, schaue alle Welten und alles Geschehn... was
von mir, im Kerker oder im Purpur, verachtet oder angebetet, im
Reiche des Todes zurückbleibt--bin ich nicht.
Davon ist gesagt: "und dieser Leib mag endigen in Asche."
Überwunden ist der unseelige Irrtum, gestillt das Verlangen,
gefunden der heilige Weg aus Erdenlust und Erdenqual, aus Grauen
zu Seeligkeit, aus Tod zu Unsterblichkeit.
Nur Eines ist: Gottheit--alles andere ist nichtig.
Erkenne dich selbst, besinne dich auf deine Seele.
Erfasse das große Wort, das größte, das je eines Menschen Seele
erfaßte--erbebe in der Erkenntnis:--ich bin Gottheit--
Davon ist gesagt: "brahma bist du und in brahma gehst du auf."
Was in dieser Welt zeiträumlich auf einander wirkend, als endloses
Werden erscheint, ist deiner träumenden Lust freudiger
Widerschein,--von Zeugung zu Überzeugung--deiner Seele blind
tastendes Verlangen--und was in dir lebt, lebt in allen Welten. Und
wie dein Verlangen ist, solche Welt wird dir, in solcher Welt entstehst
du, solche Welt entsteht in dir.

*

Welten erglühen--Welten erkalten. Wie Pradschapati von eigener
Schöpfung erschöpft ist, so erschöpft sich alle Erscheinung--nicht
zu Vernichtung,--zu Erneuung. Alle Welten fallen in sich zusammen,
voll-enden in Nichts--ein Nichts, das Alles ist.

*

Alle Erscheinung sucht Frieden.

Ebbe folgt auf Flut, Flut folgt auf Ebbe; Flut hier ist Ebbe dort,
Flut dort ist Ebbe hier; Flut und Ebbe zu gleicher Zeit, Flut und Ebbe
am selben Ort.
Die Welten atmen von Nirvana zu Samsara--durch unermeßliche
Freudenqualen von Samsara zu Nirvana--von Wesen zu Dasein in
allen Ewigkeiten und Unendlichkeiten.--Tagen die Sinne, so nachtet
die Seele; wacht die Seele, so ruhen die Sinne. An Stätten ohne Zahl--
in endlosen Räumen—zahllose Stufen ewiger Entfaltung von Seele
zu Sinnen, von Sinnen zu Seele.
Hier deiner Gegenwart leuchtender Sinnentag, brennende
Mittagsglut--dort, deinen Sinnen entrückt, in dunkel geahnten
Gedankenfernen:
Frieden, Seelenreich, Gottheit--Einst, in ungezählten Tagen, leises
Entschlummern der Erscheinung, Aufdämmern der Seele auch hier;
Seeligkeit, Erwachen der Gottheit auch in dir--und in Weltenfernen
versunken alle Sinnesherrlichkeit.--Bin ich, so ist Welt; gebe ich die
Welt auf, so ist Gottheit; ist Gottheit, so bin ich nicht und keine Welt.
Darum keine Gottheit da ich bin, keine Gottheit da Welt ist--und kein
Ich, keine Welt in der Gottheit--Gottheit Welt.
Weltenzeugung--in sich gebundene Gottheit--Sinnenherrschaft--
Samsara--Entsagung--Bekehrung--Überwindung--Erlösung--
Verklärung der Welt in Gottheit--der Seele Seeligkeit--Nirvana.
Also entstehend vergehend sind diese ringenden Welten--sind
nicht--das schweigend sprechende All-Eine: -- brahma --"
(aus: "DAS HOHE ZIEL DER ERKENNTNIS" von OMAR AL
RASCHID BEY, 1912):)

16.1.2009 - Gedanken über Gott

A sagt zu B: Es gibt keinen Gott. Gott ist eine Erfindung der
Menschheit.
B sagt zu A: Wenn es keinen Gott gäbe, würde es Dich auch nicht
geben. Nichts würde existieren. Die Menschheit ist demnach eine
Erfindung Gottes und nicht umgekehrt.
A zu B: Ist das nicht dasselbe? Ist das nicht gleichbedeutend mit der
Frage: „Wer war zuerst da? Die Henne oder das Ei?“
B zu A: Nein, das ist nicht dasselbe. Gott ist das Leben, die Liebe und
die Fülle der Existenz. Ohne Gott bist Du tot und mit Dir Deine

intellektuelle Überheblichkeit.

A zu B: Aber Leben heißt auch kämpfen und leiden. Und dann das ganze Elend auf der Welt.

B zu A: Ja, Du leidest immer dann, wenn Du von Gott entfernt bist, vom Leben abgetrennt bist. Einerseits, weil mit Dir anmaßend umgegangen wird und andererseits, weil Du Dich der Schöpfung, auch Deinem eigenen Körper gegenüber, anmaßend verhältst. - Sich darüber stellen und nicht achten, ignorieren, nicht beachten. In dem Moment gibt es für Dich keinen Gott. - Und außerdem: Gott ist eine Göttin.

21.5.2010 - Desiderata (Inschrift in der alten St. Paul's Kirche, Baltimore 1692)

„Gehe ruhig und gelassen durch Lärm und Hast; und sei des Friedens eingedenk, den die Stille bergen kann. Stehe - soweit ohne Selbstaufgabe möglich - in freundlicher Beziehung zu allen Menschen. Äußere die Wahrheit, ruhig und klar; und höre anderen zu, auch den Geistlosen und Unwissenden; Auch sie haben ihre Geschichte. Meide laute und aggressive Menschen; sie sind eine Qual für den Geist. Wenn du dich mit anderen vergleichst, könntest du bitter oder eitel werden, denn immer wird es jemanden geben, größer oder geringer als du. Erfreue dich deiner eigenen Leistungen, wie auch deiner Pläne. Bleibe an deinem Fortkommen interessiert, wie bescheiden auch immer; Es ist ein echter Besitz im wechselnden Glück der Zeiten. In deinen geschäftlichen Angelegenheiten lass Vorsicht walten; die Welt ist voller Betrug. Aber dies soll dich nicht blind machen gegen gleichermaßen vorhandene Rechtschaffenheit. Viele Menschen ringen um hohe Ideale; und überall ist das Leben voller Heldentum. Sei du selbst; Vor allen Dingen heuchle keine Zuneigung. Noch sei der Liebe gegenüber zynisch, denn auch im Angesicht aller Dürre und Enttäuschung ist sie doch immerwährend wie das Gras. Nimm freundlich und gelassen den Ratschlag der Jahre an; Gib die Dinge der Jugend mit Grazie auf. Stärke die Kraft des Geistes, damit er dich bei plötzlich hereinbrechendem Unglück schütze. Aber beunruhige dich nicht mit Einbildungen; Viele Ängste sind Folge von Erschöpfung und Einsamkeit. Bei einem gesunden Maß an Selbstdisziplin sei gut zu dir selbst. Du bist ein Kind des

Universums, nicht geringer als die Bäume und die Sterne; Du hast ein Recht, hier zu sein. Und ob es dir nun bewußt ist oder nicht: Zweifellos entwickelt sich das Universum wie vorgesehen. Drum lebe in Frieden mit Gott, was für eine Vorstellung du auch immer von ihm hast und was immer dein Mühen und Sehnen ist. In der lärmenden Wirrnis des Lebens erhalte dir den Frieden deiner Seele. Trotz all ihrem Schein, der Plackerei und den zerbrochenen Träumen ist diese Welt doch wunderschön. Sei vorsichtig. Strebe danach, glücklich zu sein."

25.8.2010 - Religion und Rückständigkeit

Religiöse Menschen unterwerfen sich einer wie auch immer genannten Religion und begreifen oft nicht, das es ein von Menschen gemachtes Gedankengebäude ist, ein von Menschen gemachter Versuch, sich die Welt und ihren Ursprung zu erklären.
Wenn dieses Gedankengebäude (Ideologie) auch noch aus einer rückständigen Entwicklungsstufe der Menschheit stammt, fixieren sie mit diesem 'geistigen Käfig' (Hirsi Ali) ihre eigene Rückständigkeit.
Insofern haben alle überlieferten Religionen etwas Anrüchiges an sich und können niemals die Menschheit voranbringen. Staatstragende Religionen sind dann dasselbe wie totalitäre Ideologien und dienen nur der Diktatur einer Gruppe über den Rest der Gesellschaft.
In der modernen heutigen Zeit ist es daher angemessen, dass jeder Mensch glauben kann was er will. Aber bitte im Privaten! Und ohne andere Menschen mit seinem Glauben zu beeinträchtigen, zu belästigen oder gar zu gefährden!
Außerdem ist es angemessen, dass für das gesamtgesellschaftliche Zusammenleben Regeln eines von der Religion abstrahierten Staatsgebildes gelten müssen. Exclusive Gruppen innerhalb der Gesellschaft, von und in denen die gesamtgesellschaftlichen Regeln durch eine andere Ideologie bzw. Religion ausgehebelt werden, können daher nicht toleriert werden, wenn der gesamtgesellschaftliche Zusammenhalt nicht gefährdet werden soll und sich der Staat nicht selbst ad absurdum führen will.

Im speziellen Fall der Islamischen Religion hat Michael Kraft die Unvereinbarkeit von Religion und modernem Staat auf den Punkt

gebracht, als er Alice Schwarzer's Buch rezensierte: "Im Islam steht -
in Theorie und Praxis - der Mann über der Frau, und Gott über dem
Staat. Beides lässt sich nicht vereinbaren mit unserer Grundordnung,
die von der Gleichheit aller Menschen und der Trennung von Staat
und Kirche ausgeht."

Spiritualität

16.1.2009 - Die Technokraten an der Macht

Sabine Christiansens Talkshow am 7.1.07. Der CDU Politiker
konstatiert freundlich lächelnd: „Die Gesellschaft individualisiert sich
halt immer mehr, und deshalb ... bla, bla ..." Ja, so kann man die
Entsolidarisierung auch bezeichnen: 'die Gesellschaft individualisiert
sich'.
Was sich im Zynismus unseres Politikers an der Macht bemerkbar
macht, wird von der Beamtin im Amt interpretiert und umgesetzt,
wenn sie beispielsweise eine hochschwangere Frau allein und
mittellos in den Kongo abschiebt, mit der lapidaren Bemerkung: Na
und, es ist dann eben eine Schwangere mehr im Kongo. (Sendung
Monitor im Dezember 2006) Die Frau stirbt dort ohne die nötige
Hilfe in ihrem Zustand natürlich. Was abzusehen war. Wenn man nur
einen Funken Menschenverstand gehabt hätte, dann wüsste man, dass
Armut tötet.

Das, was heute geschieht ist, dass die Gefühlslosigkeit und
Entmenschlichung langsam aber sicher im großen Stil Einzug in
unsere Gesellschaft hält. Und zwar im Charakter derjenigen, die
nichts mehr merken und / oder alles beschönigen. Die sitzen an den
Schaltstellen der Macht genauso wie in den Amtstuben und
Institutionen, dort wo alles nach kalt berechenbaren Regeln der
Lenkung und Kontrolle geregelt wird. Die Technokraten an der
Macht. Die zeigen dann mit dem Finger auf prügelnde Neonazis und
würden niemals auf die Idee kommen, dass das nur die Kehrseite
derselben Medaille ist.
Die Technokraten oder die 'Neuen Spießer' wähnen sich auf der
sicheren Seite, zusammen mit der heiligen Kuh 'Wissenschaft' wirken

sie an einer wissenschaftlich konstruierten Realität, die alles Mitmenschliche technokratisch wegreguliert, da es wissenschaftlich nicht erfassbar ist. Darin erkennen wird die Fortführung der Wissenschaft als 'alchemistisches Projekt' (von Werlhof). Wissenschaft, die einst angetreten war, um der Aufklärung in einer Gesellschaft zu dienen, bringt heute im Gewand der wirtschaftlich-technischen Rationalität solche Platitüden hervor wie: „Die Araber haben zu viele Kinder. Da die im arabischen Raum keine Perspektive haben, sprengen die sich selbst in die Luft"(Sloterdijk am 26.2.07 im TV) Kein Wunder, dass die Geisteswissenschaft am Ende ist. Denn besonders geistreich ist dieser Ausspruch eines bedeutenden zeitgenössischen Philosophen nicht gewesen.
Aber 'Geist' ist ja bereits im Sinne der wirtschaftlich-technischen Rationalität als nicht existent, da nicht messbar, erklärt worden. Daher muss man als Geisteswissenschaftler auch nicht geistreich sein. Punktum.

Ein Aufschrei ging dann auch durch die Internet-Wikipedia-Gemeinde, als mein Artikel zu dem Phänomen Itigilov in Iwolginsk bei Wikipedia eingestellt werden sollte. Zu 'wundergläubig' hieß es da und wurde sofort wieder gelöscht. - Ja, sicher, wenn man nämlich allgemein anerkennen würde, wie Itigilov beweist, dass der Geist über den Körper herrschen kann, müsste man auch anerkennen, dass ein Mensch sich selbst heilen kann, bzw. dass es so etwas wie Geistheilung geben kann und dann könnte man die Menschen natürlich nicht mehr zwingen im Krankheitsfall Pillen zu schlucken. Da sie dann die Wahl hätten, sich auch auf andere Weise zu kurieren, würde die Pharmaindustrie weniger verdienen. Ja, das geht natürlich nicht. Wo kommen wir denn da hin.

Also, wenn das Kind in der Schule zappelt, wird flugs ADS (eine von der Wissenschaft erfundene Krankheit) diagnostiziert und Ritalin verabreicht. Sollten sich die Eltern weigern ihrem Kind diese Droge mit erheblichen Spätfolgen zu geben, wird man das Kind kurzerhand von der Schule verweisen. Da diese Familie ungeeignet als eierlegende Wollmilchsau für die Pharmaindustrie ist, hat sie auch von den Technokraten in der Schulbürokratie keine Unterstützung mehr zu erwarten.

Es kommt jedoch noch schlimmer. Mit der neu eingeführten Zwei Klassen Medizin, die sich Gesundheitsreform nennt, werden Hilfeleistungen nur noch gewährt, die auch im Leistungskatalog der Kassen vorgesehen sind. Und die, die da vorgesehen sind, dienen allein dem Wohl der Pharmaindustrie. Sollte es also über diesen Leistungskatalog hinaus etwas geben, das zwar dem todkranken Patienten hilft, aber nicht der Pharmaindustrie, hat der Patient eben Pech gehabt und stirbt dann eben, wenn die gesetzliche Kasse diese Hilfeleistung nicht vorsieht (Sendung auf 3sat am 7.5.07).

Aber das kennen wir ja alles schon. Früher hatten die 68er dafür den Begriff „strukturelle Gewalt". Und noch früher hat ein Schriftsteller einen ganzen Roman darüber geschrieben wie man es schafft, dass die Technokraten der 'Teufel' holt. - Mit Magie, Freunde, mit Magie. (Michail Bulgakow, Der Meister und Margarita) Dieser Roman ist wieder aktuell und wurde deshalb auch gerade erst wieder neu auf S. 186 im Spiegel Nr. 9 besprochen.

20.6.2009 - Spiritueller Weg eines Eingeweihten

Dashi Dorjo Itigilow (*um 1852, †1927) war der 12. Pandito Hambo Lama, das geistige Oberhaupt der Buddhisten Russlands.

Reliquie gläubiger Buddhisten:
Itigilow lebte in Burjatien, einer ostsibirischen Region und verstarb dort 1927 im Alter von 75 Jahren. Nach Angaben von Damba Ajuschejew, dem derzeitigen 25. Pandito Hambo Lama, war er ein Eingeweihter dritten Grades und Arzt für tibetische Heilkunde. Er habe eine alten Wissenschaft zur Unverwesbarkeit des Körpers erforscht und selbst weiter entwickelt. Er soll seinen Schülern noch die Anweisung, seinen Körper 30 Jahre später wieder auszugraben, gegeben haben, bevor er aufrecht im Lotussitz, beim Meditieren verstarb (eine Kunst großer Yogis). Diese fanden ihn 30 Jahre später tatsächlich unverwest vor. Er wurde sofort wieder anonym bestattet. Da Stalin den Buddhismus verboten hatte, musste man die ganze Angelegenheit geheimhalten. Erst 2002 holte man den Körper Itigilows erneut aus dem Sarkophag und brachte ihn ins buddhistische

Kloster nach Iwolginsk. Der Pathologe, der die Erlaubnis bekam, Itigilow zu untersuchen, konnte jedoch keinerlei Mumifizierung feststellen, da diese den Verlust der Flüssigkeit aus dem Gewebe voraussetzt. Es fehlten auch alle üblichen Zeichen des Todes. Im Gegenteil, die Gliedmaßen waren beweglich und die Haut elastisch. Niemand kann sich bis heute dieses Wunder der Unverwesbarkeit erklären.

Nach buddhistischem Glauben kann ein Mönch mit großer spiritueller Kraft und mit dem richtigen Bewusstsein in tiefer Meditation bei seinem Tod ins Nirwana treten und den Körper unversehrt zurücklassen. So gilt Itigilow buddhistischen Mönchen und Gläubigen in Burjatien heute als Reliquie ähnlich wie Bernadette Soubirous den katholischen Gläubigen in Lourdes, Frankreich.

Bedeutung Itigilows für die burjatisch-buddhistische Religions-gemeinschaft:
Die Volksgruppe der Burjaten, in deren Dorf Orongoi Itigilow 1852 geboren wurde, befand sich vor der russischen Kolonisierung bei den Stämmen Dschingis Khans und waren Nomaden, deren ursprüngliche Religion der Schamanismus war, bevor tibetische Mönche im 17. und 18. Jahrhundert unter ihnen missionierten. Itigilow respektierte die alten Bräuche, jedoch überzeugte er die Menschen aus Orongoi davon, bei ihren schamanischen Riten auf Tieropfer zu verzichten. 1925, zur Blütezeit des burjatischen Buddhismus, gab es dort 46 buddhistische Klöster und mehr als 5000 Lamas. Nur einige Jahre später setzte der stalinistische Terror ein und Kirchen, Tempel, Moscheen und Synagogen wurden in Sibirien zerstört.

22. 6. 2017 - Kleine und große Geister

Rezension: Clemens Kuby, Unterwegs in die nächste Dimension

Angesichts einer persönlichen Katastrophe, die den Autor an den Rand einer Querschnittslähmung bringt, wie durch ein Wunder aber die geistigen Kräfte mobilisiert und den Kontakt zu seiner Seele herstellt, woraufhin die drohende Lähmung aus eigener Kraft abgewendet werden kann, gelingt es Clemens Kuby sein bisheriges

Leben radikal zu ändern und alles hinter sich zu lassen, was bislang den Kontakt zu sich selbst verhindert hat. Er schwört der westlichen Zivilisation mit ihrem materialistischen Weltbild ab und geht auf die Suche nach sich selbst und gleichzeitig auf Reisen, um in anderen Kulturen als der westlichen eine andere Lebenseinstellung zu finden.
Auf über 300 Seiten lässt er den Leser an seinen Entdeckungen teilhaben. Die Reise führt ihn u.a. zum Dalai Lama und den tibetischen Buddhismus, zu Sai Baba in Indien, zum exotischen Stamm der Todas in Indien, in die USA zu einem Schamanen, in die Philipinnen zu geistigen Heilern, in den Sudan zu Sufi-Anhängern, nach Russland zu einem geistigen Heiler und sogar in deutsche Esoterik-Kreise um den bekannten mexikanischen Heiler José Silva, wo er das Hellsehen kennenlernt.
Das liest sich insgesamt außerordentlich spannend, ist hochinteressant und informativ.
Nur leider neigt Kuby, ob all der Wunder, die er miterlebt, stellenweise dazu, ins andere Extrem zu fallen und das spirituelle Weltbild zu verherrlichen. Weil er selbst Glück im Unglück hatte, weil in seinem Körper ein starker Geist wohnt, glaubt er jeder Mensch habe einen starken Geist und müsse ihn nur entdecken. Die meisten Menschen haben jedoch keinerlei Zugang zu ihrem 'göttlichen Funken' und wüssten auch nicht wie sie das ändern könnten. Deshalb gibt es ja Schamanen, die die Seele (das Bindeglied zwischen Körper und Geist) bei ihren Patienten aus der Anderswelt zurück holen, bevor diese wieder gesund werden können.
Zuweilen stellt ihm sein anerzogenes theistisches Weltbild bei seinen Rationalisierungen ein Bein, indem er einerseits glaubt, Schamanen ziehen eine Show ab, um zu heilen bzw. die Selbstheilungskräfte ihrer Patienten anzustoßen. Sie seien Performance-Künstler. Sie hätten weder Zugang zu Geistern noch zu höheren Kräften. Die gäbe es garnicht.
Andererseits kommen ihm dann selbst Bedenken und er relativiert die Aussage, der Schamane sei Performance-Künstler, wieder (siehe S. 185 unten, wo er von einer geheilten Zeugin der miterlebten Wunder den energetischen Aspekt hervorheben lässt).
Das Dilemma kommt daher, weil er den Geist, entsprechend seinem theistischen Weltbild, auf das Bewusstsein reduziert (S. 77).
Okkultisten (z. B. Cayce) wissen jedoch, dass Geist mehr ist als

Bewusstsein.

Geistige Kräfte sind Hochfrequenzstrahlen, die auf den Patienten einwirken. Die Absicht (der Wille / Schutzgeist) des Schamanen ist hochfrequent und deshalb bewirkt er die Heilung.

Wenn man wie Kuby den Geist auf das Bewusstsein reduziert, kann man die Verbindung ins Universelle, ins Jenseitige, mit der hier gearbeitet wird, nicht sehen und glaubt dann, einzig die Illusion, das Vehikel (die Performance) habe gewirkt.

Die meisten Menschen merken jedoch nicht einmal, wenn sie sterben. Von Selbstheilung ganz zu schweigen.

Selbst Kuby scheint nicht zu wissen, dass man seinen Geist schulen und stärken muss, wenn der einem zwecks Selbstheilung dienstbar werden soll.

Das tut man, indem man sich gleichzeitig um Körper (Tempel des Geistes) und Geist (Herr des Körpers) kümmert. In einem schwachen, hinfälligen Körper wohnt kein starker Geist.

Was den Geist schwächt bzw. verdunkelt, ist u. a. der Zeitgeist und der Missbrauch der Sexualität.

Wenn man von den erwähnten Ungereimtheiten einmal absieht, ist es Alles in Allem, obwohl 2003 erstmals erschienen, immer noch ein sehr informatives und spannendes Buch.

In späteren Vorträgen wird die Bedeutung des Geistes für den Menschen dann von Kuby auch besonders hervorgehoben. Siehe hier: Clemens Kuby "Wir sind geistige Wesen". (https://youtu.be/TQ39pQaPzxQ)

Psychologie

8. 11. 2011 - 'Charmed' - die verlassenen Schwestern

Die zauberhaften Schwestern der gleichnamigen TV-Serie entstammen allesamt einer Familie, die unter 'Verlassenheit' leidet: Die Großmutter hat ihre jeweiligen Männer verlassen oder wurde von ihnen verlassen, die Mutter der Schwestern wurde demzufolge von

ihrem Vater verlassen, die Schwestern wurden ebenfalls oft von ihrem
Vater verlassen, der ständig auf Geschäftsreise weilte. Dann wurden
sie von ihrer Mutter verlassen, da diese früh verstarb und sie fortan
bei der Großmutter aufwuchsen. Die Halbschwester (Page) wurde gar
als Baby verlassen und zur Adoption freigegeben. Dieser Sachverhalt
hinterlässt Spuren in der 'Denke' (Dufour) der Schwestern, die diese
am entspannten Glücklichsein hindert. Dennoch suggeriert ‚Charmed‘
als Fiktion, dass das Böse in der Welt (z.B. Dämonen und die von
diesen hervorgerufenen Gefühle wie z.B. Wut, Neid, Hass) nichts mit
den handelnden Heldinnen zu tun hat und unabhängig von ihnen
existiert. Sie haben eine Mission und agieren ausschließlich, um
anderen (den Unschuldigen) zu helfen.

In Wirklichkeit ist es aber genau umgekehrt: Indem man seine, aus
den Ungerechtigkeiten der Welt verursachten negativen Gefühle
(Beklemmungen) erfolgreich in Entspannung umwandelt, seine
inneren Dämonen besiegt, bricht in die Welt der Ungerechtigkeit das
Chaos herein und ändert sie im eigenen Sinn. Denn umgewandelte
Dämonen dienen dem Selbst. In Wirklichkeit besteht die Mission
nämlich darin, sich selbst zu helfen.

Hife zur Selbsthilfe erhält man von der großen Göttin, Ahnen und
Lichtwesen wie z.B. die 22 Unsterblichen des Tarot. Dieses Buch:
„Die Lichtwesen des Tarot" ist in Kombination mit dem „Kalender
der Göttin" besonders hilfreich für Mobbing-Opfer, da diese als
solche prädestiniert sind, weil sie in der Regel ebenfalls unter
'Verlassenheit' leiden.

3.1.2012 - Abhängige
Persönlichkeitsstörung

'Social Media' werden in Zukunft weniger Gewicht haben, da es
unsinnig ist, vor sich selbst zu flüchten und 'das wahre Leben' außen
vor zu lassen. Irgendwann holt es jeden wieder ein. Es nützt nichts
auf facebook Unmengen von Freunden zu sammeln, wenn man
ansonsten unfähig ist, sich aus seinen Abhängigkeiten zu befreien und
deshalb vor sich selbst zu facebook wegläuft. Freunde auf facebook
sind ja so schön unverbindlich. Da muss man sich nicht wirklich

einlassen. Außerdem etabliert diese Kultur des "Gefällt mir", ein 'mögen' und ein 'nicht mögen' im Geist der Menschen, also ein verhaftet bleiben im Dualismus, und das heißt: mit Scheuklappen durch das Leben gehen. Deshalb stiehlt einem facebook die Zeit und lähmt einem den Geist. Alle Menschen mit abhängiger Persönlichkeitsstörung haben dort ihren Platz gefunden. Wie man sich von seinen Abhängigkeiten befreit, steht in dem Buch von Heinz-Peter Röhr 'Wege aus der Abhängigkeit".

Diese Krankheit - die Stalker-Mentalität - kann man aber auch homöopathisch bekämpfen, sagt Werner Baumeister, Heilpraktiker in Berlin, in 'Sein' Nr. 12/2010.

Will man sich aus seinen Abhängigkeiten befreien, muss man jedoch den Mut haben, sich auf seine negativen Gefühle einzulassen und zu lernen, was sie einem bringen. Dabei stoßen wir in der Regel auf Gefühle, die von den drei Giften: Unwissenheit, Ärger/Wut und Gier ausgelöst werden. Jetzt müssen wir lernen, diesen Gefühlen nachzuspüren, sie wahrzunehmen und als zu unserem Werdegang gehörend anzuerkennen, dadurch wandeln sie sich in positive Gefühle.

Hilfreich bei dem Versuch, aus den eigenen Gefühlen zu lernen und sie dadurch umzuwandeln, ist eine sichere spirituelle Verankerung im 'alten Pfad'. Beispiel: Umwandlung negativer Gefühle mittels Botschaften der Göttin, wie es in Shakti Morgane's 'Kalender der Göttin' beschrieben wird oder mittels Techniken der Meditation wie sie im Buddhismus praktiziert werden. Besonders hilfreich ist auch die Methode des Arztes Dr. Dufour, der die "Denke" eines Menschen für dessen körperliche Leiden verantwortlich macht und hilft, den Verursacher dieser "Denke" ans Tageslicht zu bringen und so das Leiden heilt.
Ich persönlich bevorzuge die Methode des Psychologen Dr. Langlotz als am besten geeignet, sich von Abhängigkeiten zu befreien.

Darüber hinaus, sind Menschen mit abhängiger Persönlichkeitsstörung die große Zielgruppe der "Vernetzungs-Enthusiasten" in der 'smarten Diktatur' (siehe Rezension S. 138), die sich überall breit macht, weil diese Menschen am Einfachsten vom Wesentlichen bei sich selbst abgelenkt werden können und somit leicht von anderen beherrschbar sind, weil sie sich nun von anderen sagen lassen müssen, was für sie wesentlich ist, da sie es selbst ja nicht wissen.

Wer sich nicht weiterhin von den unbegriffenen Mächten, die sein Leben gestalten, beherrschen lassen will, der kommt nicht umhin, sich mit sich selbst zu befassen! Die beiden Bücher von Dr. Samuel Sagan: 'Rückführung – eine Therapie für Freiheit im Hier und Jetzt' und 'Wesenheiten – Parasiten des Energiekörpers', sind hierfür eine Offenbarung.

Kommentare:

Shakti Morgane 4. August 2016
"... weil sie sich nun von anderen sagen lassen müssen, was für sie wesentlich ist, da sie es selbst ja nicht wissen." - Das ist eine Tatsache, die gerade jetzt von der Werbung für die Bundeswehr geschickt ausgenutzt wird, indem diese Werbung gezielt auf Menschen abzielt, die nicht wissen, was für sie persönlich wichtig ist. Dort wird suggeriert: Das Wichtigste für euch ist jetzt die Bundeswehr. Deshalb geht zur Bundeswehr.

Shakti Morgane 5. August 2016
Außerdem wird in dieser Werbung die Vorbildfunktion der Bundeswehr betont. Es wird gezeigt, wie sie mit hervorragendem Equipment Leben retten. Nirgends wird auch nur angedeutet, dass Soldaten töten, dass sie für den Krieg da sind, dass sie für andere die Kastanien aus dem Feuer holen sollen und selbst dabei 'drauf gehen' werden.
Stattdessen wird suggeriert: Die Bundeswehr als Retter der Menschheit. Ein Retter, dem selbst nicht das Geringste passieren kann.
Diese Verkehrung der Realität ist an Perfidie kaum zu überbieten.
Denn in Wirklichkeit ist es genau anders herum:
"Soldaten wohnen auf den Kanonen ..." (B. Brecht)
Ich empfehle das Buch von Claudia von Werlhof: **Die Verkehrung –** Das Projekt des Patriarchats und das Gender-Dilemma, Wien 2011

30. 11. 2017 - Das Dilemma der Psychologie

Rezension: „Jeder bekommt den Partner, den er verdient – ob er will oder nicht“, von Hermann Meyer.

Der Autor attestiert der Gesellschaft eine Kollektivneurose und dem einzelnen mangelnde Fähigkeit zur Persönlichkeitsentwicklung. Alles richtig!
Darüber unzufriedenen und darunter leidenden Zeitgenossen ruft er jedoch a la Hollywood sinngemäß zu: „Du willst ein Wunder? Sei selbst das Wunder!“ - ohne zu sagen, wie man selbst das Wunder werden kann, außer, wie von einem Psychologen nicht anders zu erwarten, dem Vorschlag, sich in Therapie zu begeben, obwohl von Freud bekannt ist, dass er keinen einzigen seiner Patienten geheilt hat. Das verschweigt Hermann Meyer.
Davon abgesehen ist das Buch sehr informativ, denn der Autor beschreibt bis ins Detail den Zustand der Kollektivneurose, in der wir uns alle befinden. Und das in verständlicher, sogar pointierter Sprache. Seitenweise kann gelacht werden über die beschriebenen Typen mit ihren Macken (Projektionen). Das Buch hat durchaus Unterhaltungswert und ist schon deshalb lesenswert.
Seine Diagnose für die Leidenden: 'Ihr seid unfähig, entwickelt euch gefälligst weiter, dann vergeht auch euer Leiden', zeugt jedoch vom Dilemma der Psychologie, die ja selbst in der Kollektivneurose steckt und deshalb blind für den Widerspruch zwischen Leistungs- und Lustprinzip in unserer Gesellschaft ist. Davon zeugen auch die im Buch versteckten Seitenhiebe auf Esoterik und Religion.
Da ist man nach der Lektüre des Buches glatt versucht, allen derart 'betriebsblinden' Psychologen im Sinne Hermann Meyer's zurufen: Ihr seid unfähig, entwickelt euch gefälligst weiter.

27.11.2011 - Tao te king

27

Ein guter Wanderer lässt keine Spur zurück.
Ein guter Redner braucht nichts zu widerlegen.

Ein guter Rechner braucht keine Rechenstäbchen.
Ein guter Schließer braucht nicht Schloss noch Schlüssel, und doch kann niemand auftun.
Ein guter Binder braucht nicht Strick noch Bänder, und doch kann niemand lösen.
Der Berufene versteht es immer gut, die Menschen zu retten; darum gibt es für ihn keine verworfenen Menschen.
Er versteht es immer gut, die Dinge zu retten; darum gibt es für ihn keine verworfenen Dinge.
Das heißt die Klarheit erben.
So sind die guten Menschen die Lehrer der Nichtguten, und die nichtguten Menschen sind der Stoff für die Guten.
Wer seinen Lehrer nicht werthielte und seinen Stoff nicht liebte, der wäre bei allem Wissen in schwerem Irrtum.
Das ist das große Geheimnis.

Laotse
Tao te king

Tanz

16.1.2009 - Die wahre Schöpfungsgeschichte

Leben und Tod, Sonne und Mond, Wechsel und Wiederkehr – alle Dinge sind im Universum verborgen.
Und am Anfang war der Tanz! Der Tanz mit dem Schatten.
Und die Göttin tanzte wild und immer wilder. Sie ergriff den Schatten und erschuf das Licht.
Und es ward hell und das war gut, denn jetzt war morgen.
Und alle Dinge kamen aus dem Universum hinein in die Welt.

1.9.2007 - Zur Magie des Orientalischen Tanzes

Wenn Frauen regelmäßig mit dem Bauch tanzen, so verhilft ihnen dies dazu, die schöpferische Kraft der weiblichen Sexualität zu entfalten. Das heißt, es wird diejenige Kraft ihrer Weiblichkeit gestärkt, die einer Frau dazu verhilft, ihre Ziele zu erreichen. Damit werden Frauen durch Bauchtanz auf die Dauer selbstbewusster und charismatischer.

Sexualität ist ein zweischneidiges Schwert, das neben der Funktion neues Leben zu erzeugen, bei wahllosem 'Verkehr' mit x-beliebigen Partnern die Seele aus dem Körper treibt. Am Ende weiß man in solch einem Fall weder, wer man ist, noch was man will oder was vor sich geht. Um den Richtigen / die Richtige zu finden, muss man durchaus nicht erst alle ‚Frösche' küssen? Es gibt in einer bestimmten Situation sicherlich viele mögliche Partner, aber nur einer ist der richtige, um die 'kreativen Energien des Körpers' (Cayce) zu entwickeln und dadurch im Leben weiter zu kommen.

Zu diesem Zweck, den Richtigen zu finden, wurde ursprünglich getanzt.

Im Bauchtanz der Frauen im Ekstase-Kult des Matriarchats vereinigten diese sich, wenn sie Glück hatten, mit der Frequenz ihrer jeweiligen Göttin und 'sahen' den richtigen Partner. Hier liegt die Magie des Orientalischen Tanzes verborgen.

Manche Menschen haben bei der Meditation - natürlich gilt das auch für die Bauchtanzmeditation - sexuelle Gefühle. Das kommt daher, dass ‚die sexuellen Zentren mit denen identisch sind, durch welche die spirituelle Energie fließt' (Cayce). Weil diese Zentren identisch sind, werden andere Menschen sex-süchtig, d. h. sie glauben, sie könnten durch hemmungslose sexuelle Ausschweifungen ihre Lebenskraft stärken - das ist ein Irrtum!

Wir sind keine Götter. Nicht jeder Mann ist unentwegt shiva, und nicht jede Frau ist immer shakti. Selbst wenn wir davon ausgehen, dass unsere Seele ewig ist, ist sie jedoch nicht ewig mit unserem Körper vereint, unsere sexuelle Kraft - unsere Lebenskraft - ist endlich. Shakti oder shiva ist jeder nur solange er seine Körperschwingungen mit der Frequenz der übergreifenden Kraft des Geistes / der Göttin / der Lebenskraft verbinden kann. Die alten Ägypter würden salopp formuliert sagen: ‚Frauenpower' haben heißt ‚Ma'at' verwirklichen!

Eben das ist der Sinn bei der Bauchtanzmeditation. Der Tanz diente einst, wie oben angedeutet, als Teil des Ekstase-Kults eben genau dieser Kunst, sich mit seiner Göttin / seinem Gott / zu vereinen -

deshalb tanzten ursprünglich alle, einfach um ihre Lebenskraft bzw. Schöpfungskraft zu stärken, herbei zu rufen, zu erhalten und zu erneuern.

Es ging um die Energie, die man haben muss, wenn man seine Wünsche verwirklichen will, wenn man sich durchsetzen will, wenn man seinen Alltag bewältigen will, wenn man 'böse' Ereignisse abwenden will.

Später in der Antike, als nicht mehr jeder / jede tanzte, war eine Tänzerin Priesterin ihrer Göttin, welche die entsprechende Musik kannte, mit der sie sich auf die Frequenzen ihrer Göttin einstellen konnte. Mit ihrem Tanz war sie in der Lage, eine empfängliche Umgebung dergestalt zu 'verzaubern', dass jeder, der ihr zusah in eine Traumwelt entführt wurde, in der ihm etwas Persönliches offenbart wurde. Im Idealfall durchstrahlte ein helles Licht die Tänzerin hin zum Publikum und wieder zurück, das mit einem intensiven Gefühl von Glückseligkeit verbunden war.

Auch heute gibt es Tänzerinnen, die in den Kontakt zur Göttin kommen können, die man aber allenfalls durch Zufall entdeckt, weil das Erwecken des göttlichen Funkens nicht allein von der Tänzerin abhängt.

Frauen offenbaren im Orientalischen Tanz aber immer ihr jeweiliges Lebensgefühl, denn: Auf die Seele, dieses nicht greifbare Phänomen, kommt es an!

Der Verlust der Seele, der unweigerlich dann erfolgt, wenn man den Weg des Herzens verlässt, bedeutet Leid. Alle Religionen wollen daher die Seele retten und vom Leid befreien. Beim aus Ekstase-Kulten stammenden Bauchtanz ist das Verschmelzen mit der Musik entscheidend, um den Druck bzw. das Leiden zumindest für eine Weile loszuwerden.

Die Bauchtanzmusik enthält die überlieferten Melodien und Rhythmen zur Transformation negativer Emotionen, und dann muss man sich im Tanz nur noch auf diese Musik einlassen können. Bauchtanzmeditation ist wie Yoga die Kunst des ‚Sich-Öffnens und Entspannens' - und damit zugleich Initiation.

Frauen stimmten sich einst mittels Bauchtanzmeditation auf die Frequenzen ihrer Göttin ein, um durch diese Verbindung heil zu werden und so Durchsetzungskraft und Schutz zurück zu erhalten.

Und heute? Die Ekstase transformiert noch immer das Leid und

verjüngt den Körper. Doch nur, wenn es gelingt, in der Bauchtanzmeditation den Kontakt zur universellen Kraft herzustellen, erhöht sich dermaßen die Schwingungsfrequenz des Körpers (- werden die körpereignen Endorphine in dem Maße ausgeschüttet -), dass man noch Tage später wie auf Wolken geht. Doch leider findet nicht jeder von heute auf morgen seine Ganzheit. Vor den Preis haben die Göttinnen und Götter neben den Schweiß auch noch die Notwendigkeit des 'In-sich-gehen's, Fühlens und Entspannens gesetzt. Eins aber bleibt gewiss: Bauchtanz ist gut für die Seele!
Mehr über Bauchtanzmeditation steht in meinem Buch: "Orientalischer Tanz und Ekstase - der weibliche Weg zum 'magischen Feuer'".

29.1.2011 - Magischer Bauchtanz – die Elemente in der Bauchtanzmeditation

Wie wir vom Voodoo wissen, verbinden sich Voodoo-Anhänger im Trance-Tanz mit dem invozierten Geist, daher können die invozierten Geister als Vermittler auftreten. Sie vermitteln einen Zugang zu den existenziellen Wahrheiten des Daseins und können dadurch verdrängte Traumata und Leiden der Tänzer heilen. Die Kraft der invozierten Geister hilft den Tänzern ihre blockierte Lebensenergie freizusetzen, welche durch die Traumata oder Leiden gebunden ist.

Die Bewegungen in der Trance sind für den speziellen Geist und die Eigenschaften der in der Trance freigesetzten (erlösten) Traumata charakteristisch. Die Tänze für die Wasser- und Schlangengeister bestehen aus schlängelnden, fließenden Bewegungen, während stampfende, wirbelnde, elektrisierende Bewegungen den Erd- oder Feuergeistern zugeordnet werden können. Geister der Göttin bzw. des "Herrn der Finsternis'" zeigen sich durch stoßende, wackelnde oder wiegende Bewegungen mit Becken und Hüfte.
Wenn wir das einmal in der Bauchtanzmeditation ausprobieren wollen, dann helfen z.B. die Geister der Luft bei Problemen mit dem Glück, der Zufriedenheit, dem eigenen Geisteszustand. Tanze in diesem Fall hauptsächlich mit dem Brustkorb und Oberkörper wie z.B. Schulter-Shimmie, Bewegungen der Schultern und Arme, Hände, Brustkorbkreisen, -schieben, -heben und senken, Kamel. (6. u. 7.

Chakra)
Bei Gesundheitsproblemen (persönlichen Ungleichgewichten) tanze Schwung, Kippen, Pendel, Halbkreise, Schieben von Becken und Hüfte (Spirit/Holzgeister).(2. Chakra)
Bei Liebesproblemen die Erdgeister (bzw. die Göttin und den Gott) anrufen mit Tänzen des Stampfens, des Schwappens wie z.B. Drop-Schritte, ¾ Shimmie-Schritte, Hagalla, Bauchschwapp. (1. Chakra).
Bei Autoritätsproblemen (Minderwertigkeitskomplex) für mehr Selbstvertrauen Kreise, Achten, Wellen tanzen (Wassergeister). (3. und 5. Chakra)
Bei Problemen mit dem 'lieben Geld', mit der Existenz im weitesten Sinne, helfen die Feuergeister. Also müssten wir zum Ausgleich wirbeln, schütteln, drehen und zucken, zittern (= Shimmie) in allen Variationen und Drehungen. (4. Chakra)
Derart können wir die mit den jeweiligen Problemen einhergehenden unangenehmen Gefühle umwandeln, denn Energie folgt der Aufmerksamkeit. Der Körper macht die Bewegung und die weibliche Seele folgt allmählich nach. So stellen wir wieder den Kontakt zu uns und unseren ureigensten Wahrheiten her, der uns durch die Zivilisation abhanden kam.
Während beim Voodoo bis zur Erschöpfung getanzt wird, gilt es bei der Bauchtanzmeditation den Schatten auf der Seele derart zu verwandeln, dass wir uns auf den Körper konzentrieren, die Verspannung wahrnehmen und in der Hingabe an den Tanz, und im Versenken in Rhythmus und Bewegung vergessen, loslassen, entspannen. Dabei gilt: je freier Du dich bei der Bewegung fühlst, desto gründlicher hast Du den Schatten überwunden, der auf Deiner Seele liegt, desto besser sieht es aus. In dem einen Fall entspannt man durch Erschöpfung, in dem anderen Fall durch Ekstase - ein Zustrom von neuer Lebensfreude, denn Bauchtanz ist Göttinnendienst.
Ich empfehle mein eBook: "Bauchtanztraining meditativ - der innere Raum"

6.5.2011 - Bauchtanz als Lebenseinstellung oder: der Tanz von yin und yang

Wie die alten Ägypter und alle alten Naturvölker wussten, ist Leben die ewige Verwandlung von yin in yang und vice versa. Geist verwandelt sich in Körper und Körper in Geist. Ein weibliches Wesen ist dabei die Tür ins Leben, ein Werkzeug für die jenseitige Seele, die sich inkarnieren will.

Liebe / Leben ist demnach eine Himmelsmacht, und reich sein, Fülle haben, glücklich sein, heil sein, ganz sein, vollkommen sein heißt: bei Gott sein. Zu Gott, zur Göttin, führt dabei einzig die wahre Liebe. (Deshalb sind sämtliche institutionalisierten Religionen auch gänzlich überflüssig)

Frauen kommunizieren durch ihre Gebärmutter und ihr Herz – ihren Körper - mit der Natur, mit der Göttin, mit ihrem Geist. Zu Lebzeiten, im Frühling des Lebens, zu yang-Zeiten, müssen sie sich selbst vergeistigen, um den göttlichen Auftrag, 'die wahre Liebe zu finden' bzw. Tür für eine jenseitige Seele zu sein, erfüllen zu können.

Im Fruchtbarkeitskult erhalten Frauen den Kontakt zur Natur, zu ihrem Geist, zur Göttin, zum göttlichen Funken in sich selbst durch Bauchtanz. Dann werden sie innerlich geführt und äußerlich geschützt und dienen auf diese Weise ihrem Schöpfungsauftrag.

Ab der Menopause beginnt die yin-Zeit, der Herbst des Lebens. Nun muss "Frau" sich verkörpern, um selbst wiedergeboren zu werden. Frauen bereiten sich nun durch Bauchtanz auf den eigenen Übergang vor. Übergang wohin? - Zurück zur Göttin und zum Gott, zur wahren Liebe, ins Leben, in eine neue yang-Zeit. Jetzt gilt es, mittels Bauchtanz die Schatten zu besiegen.

Das besondere des Orientalischen Tanzes ist eben genau diese Herrschaft über die Schatten. Der Tanz wird entweder zur Demonstration von Lebensfreude oder zum Zeugnis für deren Verlust. Daher wirkt er wie ein Seismograph für die Erkenntnis unserer eigenen Befindlichkeit.

Im ursprünglichen Fruchtbarkeitskult zur Zeit der Göttinnen-Anbetung wurde der Tanz zum Zwecke der Reinigung von schlechten Schwingungen genutzt. Schlechte Schwingungen entstehen durch die im Laufe des Lebens erworbene Abtrennungen / Unterbrechungen / Ungleichgewichte von Körper, Seele, Geist. Durch die Reinigung von negativen Schwingungen im Tanz wurde die Vereinigung mit sich selbst und dadurch mit dem Göttlichen wieder hergestellt. Jeder Mensch hat den göttlichen Funken in sich. Nur leider ist er inzwischen bei den meisten Menschen dermaßen verschüttet, dass sie keinen Zugang zu ihm finden können. Das ist auch das Verschulden der monotheistischen Religionen, die das Paradies im Außen bzw. im Jenseits suchen (die Vertreibung aus dem Paradies!). Demgegenüber war es noch Ziel der alt-ägyptischen Religion am Ende unbeschwert und frei hinüber zu gehen, um nicht beim Totengericht - die Waagschale mit der Feder der Ma'at! - den zweiten Tod sterben zu müssen. Zu diesem Zwecke mussten die im Lauf des Lebens erworbenen Schatten noch zu Lebzeiten transformiert werden. Dies tat man ursprünglich im Tanz, weil er den Zugang zum göttlichen Funken wieder herstellen konnte. Dann war man erleuchtet und - im Paradies.

Merke: Das Paradies ist in Dir! Im Außen oder im Jenseits brauchst Du es nicht zu suchen. Und wenn Du es in Dir nicht finden kannst, dann musst Du etwas unternehmen, um Deinen emotionalen Ballast, die Verschüttungen beiseite zu räumen und die Verkrustungen aufzubrechen, die Dich vom Paradies, dem göttlichen Funken in Dir selbst trennen. Fange einfach mit Bauchtanz als Meditation an. Natürlich können das auch Männer machen. Im ursprünglichen Fruchtbarkeitskult tanzten sowieso alle.

Mehr darüber steht im Buch: „Orientalischer Tanz und Ekstase & Kalender der Göttin" und im eBook "Bauchtanztraining meditativ - der innere Raum".

16. 3. 2013 - Transformation und Ekstase im Orientalischen Tanz

Liebe Bauchtanzfreundin, mittels Bauchtanz wurden im Orient einst Göttinnen angebetet. Tanzend feierte man die Lebenskraft (Fruchtbarkeit). Die Göttinnen Hathor und Kali sind Fruchtbarkeitsgöttinnen – aber auch Herrscherinnen über die Finsternis.

Zur Finsternis gehört das 'Verbrechen gegen die Lebenskraft'. Das sind alle Gewaltdelikte, z.B. auch Abtreibung.

Wenn einem Menschen Gewalt widerfährt, zieht sich ein Teil seiner Seele aus seinem Körper zurück und hinterlässt eine Lücke, die fortan von einem 'Erinnerungsdämon' (Kharitidi) besetzt wird. Der Erinnerungsdämon bestimmt von nun an die 'Denke' (Dufour) des Menschen. Viele Menschen haben Traumata (Verletzungen) in der

Kindheit erlitten, die von nun an ihr Leben beeinträchtigen, weil der Erinnerungsdämon Energie abzieht.

Diese Energie zu transformieren, damit sie wieder zur Verfügung steht, bedeutet den Erinnerungsdämon zu besiegen. Zu diesem Zweck muss er ins Bewusstsein kommen, der alte Schmerz noch einmal wahrgenommen und als zu einem selbst gehörend anerkannt werden, dann wird die Verletzung in die Person integriert und kann heilen.

Das Problem dabei ist: Wie kann die Blockierung ins Bewusstsein kommen?
Dafür gibt es verschiedene Methoden – Körperarbeit ist eine davon.
Durch 'Bauchtanzmeditation' erreichen wir Transformation der Schatten und Ekstase im Orientalischen Tanz:
Wir bringen mit Bauchtanz durch die permanente körperliche Bewegung im Bereich der einzelnen Chakren Gefühle in Bewegung und durch Meditation den Gefühlsfluss ins Bewusstsein.
Das erfordert viel Mut und hartnäckiges Dranbleiben an Bewegungen, die schwer fallen, weil der Erinnerungsdämon uns daran hindern will, ihn zu entdecken.

Den Schlüssel zur Befreiung von inneren Widerständen (Dämonen) liefert die Musik. *Zar* heißt z.B. ein alter Heilungstanz in Ägypten. Dieser Trance-Tanz triggert den Dämon solange, bis er den Körper über den linken Fuß verlässt und in der Erde verschwindet.

Suche dir immer die Bauchtanzmusik, die dir am besten gefällt und dann steigere dich in den Rhythmus und in die Bewegung hinein. Es geht darum, beim Tanzen die 'Denke' (Dufour) auszuschalten und mit deiner Wahrnehmung vom Kopf weg, in die Mitte, in den Bauch zu kommen. Atem und Bewegung im Einklang mit der Musik führen dich in dein Inneres hinein und wie im Traum steigen Bilder auf, die zu deiner Ganzheit führen. Du wirst dabei wach sein und musst nicht befürchten das Bewusstsein zu verlieren, weil die arabeske Struktur der Bauchtanzmusik die komplette Trance verhindert. Du erreichst vielmehr den entspannten Alphazustand, in dem sich deine Gehirnwellen synchronisieren und Ich-Transzendenz eintritt. Tanze und übergib der Göttin deine Verletzung. Sie führt den Ausgleich

(Ma'at) herbei.
Auf diese Weise tanzen wir für inneres Wohlbefinden und Bauchtanz
wird zum Mittel seelischer Regeneration. Mehr dazu steht in meinem
Buch 'Orientalischer Tanz und Ekstase ...'.

Wie du siehst, geht es hier nicht darum komplizierte fremde
Choreografien auswendig zu lernen. Denn genau das ist der Weg, den
der Erinnerungsdämon bevorzugt, weil dieser Weg dich daran hindert,
die 'Denke' auszuschalten.

15. 2. 2014 - Bauchtanz für ältere Frauen

Bauchtanztraining für ältere Frauen hilft dabei, im eigenen Körper
wieder heimisch zu werden. Es ist für viele Frauen eine
Herausforderung mit erschlaffendem Gewebe an Armen, Beinen,
Bauch und Po in und nach den Wechseljahren klar zu kommen, ohne
in Depression zu verfallen oder sich vollends aufzugeben.
Hier steuert der Orientalische Tanz dagegen. Er wirkt auf Körper,
Geist und Seele ein. Verschüttete Lebensfreude und verloren
gegangenes Selbstbewusstsein kommen durch die Bauchtanz-
Rhythmen und das gemeinsame Tanzen in der Gruppe wieder zum
Vorschein ebenso wie eine aufrechte Haltung durch die Straffung des
Beckenbodens. Wir fühlen uns jünger und schöner. Natürlich muss
ein Bauchtanzkurs für ältere Frauen auf deren Bedürfnisse eingehen.
Sanfte, fließende und schlängelnde Bewegungen nach langsamer
Musik und entspannende Dehnungen müssen ebenso trainiert werden
wie ein allmähliches Steigern der Beweglichkeit ohne überfordernde
Kompliziertheit durch die Choreographie und das Tempo. Während
sich jüngere Frauen 'auspowern' wollen, sind ältere Frauen mehr auf
das Hineinspüren in die Bewegung und den Körper und den Kontakt
zur eigenen Weiblichkeit aus. Darüber hinaus ist Bauchtanz ein
gelenkschonender Tanzsport und ein Herz und Kreislauf
verbesserndes Training.

27. 11. 2017 - Cellulitis – Selbstheilung

Liebe Leidensgenossinnen, wenn ihr euch selbst so wie ihr seid nicht
liebt, ich erzähle euch hier, wie ich mit meiner Cellulitis fertig werde.
Eins kann ich euch gleich von vornherein sagen. Es gibt kein

Wunderheilmittel. Das was wirklich hilft, ist eine Kombination von verschiedenen Maßnahmen, die alle zusammen eine geraume Zeit eingehalten werden müssen, um wirksam zu werden.

Der Auslöser zur Selbstdisziplin war bei mir meine Gesundheit und die Wechseljahre, die meinen Stoffwechsel derart verlangsamten und durch hormonelle Schwankungen meinen Körper immer unansehnlicher werden ließen, dass ich mich selbst nicht mehr leiden konnte. Weil darunter auch mein Sexualleben litt, wurde es höchste Zeit etwas zu unternehmen.

Es blieb mir nur der folgende Weg, den ich nunmehr schon über ein halbes Jahr einhalte und bereits eine Besserung der Cellulitis an Armen, Beinen und Bauch von 70 % erreicht habe. Beim Gesäß muss ich wohl noch ein weiteres halbes Jahr warten. Aber immerhin, es tut sich schon etwas.
Zuerst einmal hilft nur die radikale Ernährungsumstellung in Richtung auf stoffwechsel-antreibende Nahrung. Ich beginne den Tag mit einem halben Glas Mineralwasser, dem ein Esslöffel Apfelessig beigemischt ist. Danach ernähre ich mich streng nach der Methode Montignac. Michel Montignac hat mehrere Kochbücher über seine Ernährungsmethode geschrieben, die fast alle bei amazon.de zu finden sind.

Dann ist es natürlich ganz wichtig Kaffee, Alkohol und Drogen zu meiden. Zu den Drogen zählen für mich auch Hormontabletten, die in den Wechseljahren von Frauenärzten verschrieben werden.
Stattdessen gestatte ich mir Nahrungsergänzungsmittel wie Knoblauchperlen gegen zu hohen Blutdruck und Hopfenperlen gegen Schlaflosigkeit sowie Nahrungsergänzungsmittel-Kombinationen aus der Drogerie gegen Wechseljahrsbeschwerden wie Hitzewallungen und dergleichen. Da gibt es einige Präparate, die von der Zeitschrift Ökotest auf ihre Verträglichkeit hin untersucht wurden.

Kaffee und schwarzen Tee habe ich durch viel Tee von der Kräuter-Sorte ersetzt: z.B. man nehme 2 Teebeutel Früchtetee und 1 Teebeutel grünen Tee. Hänge die Beutel in eine Teekanne und übergieße sie mit einem Liter Wasser und lasse es 8 Minuten ziehen. Ein weiterer Liter

Mineralwasser über den Tag verteilt ergeben 2 Liter Flüssigkeit pro Tag.

Neben „viel trinken" ist Bewegung angesagt. Sucht euch einen Sport aus, den ihr mögt und treibt mindestens 3 mal die Woche eine Stunde so intensiv Sport, das ihr ins Schwitzen kommt. Oder geht drei mal die Woche 1 Stunde zum Schwimmen. Ich persönlich tanze drei mal die Woche ein Stunde lang, bis ich schwitze.

Gleichzeitig muss unbedingt noch etwas gegen Ärger und Stress, was in der Regel zum „Frust-Fraß" führt, getan werden. Hier ist Meditation hilfreich. Ich mache mindestens jeden zweiten Tag 6 Hatha-Yoga Übungen oder die 5 Tibeter, je nach Lust und Laune. Diese helfen mir, einerseits meine Hormone auf natürliche Weise zu regulieren und andererseits meinen Geist zu befreien und das wieder hilft mir, gelassener meinen Alltag anzugehen.

Nun aber der Clou von allem - von Anfang an begleiten mich bei diesem Programm 2 Heilsteine: 1 roter Jaspis und ein grüner Malachit. Diese trage ich ständig mit mir herum. Sie helfen in der Kombination ihrer Energiefelder mein Bindegewebe zu stabilisieren.

So habe ich langsam aber sicher in dem halben Jahr 5 kg abgenommen. Auf diese Weise bin ich heute schon wieder soweit, dass ich mich im Spiegel anschauen kann, ohne 'in Ohnmacht' zu fallen.
Was von dem ganzen Programm beim Abbau der Cellulitis nun den Ausschlag gibt, kann ich nicht sagen, vermutlich die Umstellung der Ernährungsgewohnheiten. Ich glaube aber, dass alles zusammen kommen muss, um zu wirken. Versucht es doch einfach selbst einmal.

9. 8. 2015 - Bauchtanz und Sexualität

Die Geschichte des Bauchtanzes beginnt im Matriarchat, eine Zeit, als Göttinnen angebetet wurden, um für Fruchtbarkeit zu sorgen. Frauen tanzten mit Becken, Bauch und Hüften, zuerst um Verkrampfungen, die eine Geburt begleiten, zu bewältigen, später um jegliche körperlich-seelischen Beklemmungen loszuwerden, besonders die sexuellen.

Als nicht mehr alle Frauen tanzten, war eine Tänzerin zugleich Priesterin einer Göttin, von der der Mythos (Eurynome) erzählt, dass sie die Finsternis beherrscht und das Licht bringt. Wenn die Tänzerin sich im Tanz mit ihrer Göttin vereinte, dann besaß sie die Fähigkeit Schwingungen auszugleichen. Es ging um die Umwandlung negativer Gefühle in positive Energie.

Zwei Göttinnen-Mythen erzählen besonders davon: der Schöpfungsmythos des Matriarchats aus dem alten Griechenland (Eurynome) und der Ishtar-Mythos, die babylonische Göttin mit den Schleiern. Der Schleier gilt dabei als Symbol für Ungleichgewicht, Grenze, Trennung und der Tanz mit den Schleiern demonstriert die Umwandlung von Einseitigkeit und Trennung in Harmonie und Vereinigung.

Bei der Sexualtität wird ebenfalls eine Vereinigung angestrebt, die Vereinigung mit dem Geschlechtspartner im Orgasmus. Wir wissen mit wieviel Verkrampfung und Ängsten der sexuelle Akt befrachtet sein kann. Wir haben durch unsere Kultur den Kontakt zu unserer Natur verloren und müssen erst wieder lernen, uns auf unsere ureigenste Natur einzulassen, um sexuelle Vereinigung genießen zu können. Hierbei kann Bauchtanz gute Dienste leisten.

Die meisten Menschen haben keinen Zugang zu ihren Gefühlen, da unsere Kultur zwischen Gefühl und Gefühlsbewusstsein trennt. Wenn Frauen Bauchtanz erlernen, kommen sie oft erstmals mit ihrer Erstarrung wieder in Kontakt. Das äußert sich in der Unfähigkeit, geforderte Bewegungen isoliert auszuführen. Sie müssen sich erst selbst wieder kennen lernen, die Erstarrung spüren lernen, bevor sie sie loslassen und sich auf die Bewegung und die Schwingung der Musik einlassen können. Die Musik bringt uns in Kontakt mit unseren Gefühlen und die Bewegung vollzieht im Tanz den Ausgleich. Das Gefühl von Getrenntsein wird dabei aufgehoben und die Bewegung wird zum Genuss.

Bauchtanz ist im Wesentlichen ein Improvisationstanz. Die Tänzerin sollte daher die Fähigkeit besitzen, das Gedankenkarussell in ihrem Kopf abzuschalten und sich entspannen können. Sie lässt sich im Idealfall von der Musik bis hin zum Gefühl: 'es tanzt mich' erfassen und führen. Das ist das Loslassen des Ego. Diese Ich-Transzendenz kann in der Ekstase beim Tanz erreicht werden.

Man betrachtete noch vor ca. 2500 Jahren die Erde / Natur als heilig und die Welt als ein Konglomerat von Schwingungen (Kräften). Die Tänzerin als Priesterin hatte die Schwingungen aller Anwesenden aufzunehmen, auf sich zu konzentrieren und mit Hilfe von Musik, Tanz und ihrer Göttin auszugleichen, um das ursprüngliche Paradies, die heile Welt wieder herzustellen. Das betraf alle Schwingungen der Umgebung und der Natur. Nicht selten konnte sie es auf diese Weise zum Zwecke der Fruchtbarkeit der Felder regnen lassen.

Für die Tänzerin war der göttliche Funke in der Ekstase als Glücksgefühl / Freude spürbar und oft sogar als helles Licht (Aura) sichtbar. Eine durchaus überirdische Stimmung breitete sich aus. Ein Gefühl von Zeitlosigkeit.
Hauptsächlich fanden sich daher Menschen zu einem Tanzfest zusammen, um sich mithilfe der Tanzdarbietung verzaubern zu lassen, den Durchgang in einen anderen Bewusstseinsbereich zu erleben, der ihnen half, neue Kraft zur Bewältigung des Alltags zu schöpfen.

Es werden beim Bauchtanz zum Zwecke der Herbeiführung von Ekstase die Sexualorgane im Bauch bewegt und geschüttelt, denn spirituelle und sexuelle Energie fließen durch dieselben Körperzentren. Ekstase im Tanz (Ich-Transzendenz) bedeutet ein Einswerden mit dem unsterblichen Teil des Selbst. Das ist ein Ankommen in der Verbundenheit mit dem zeitlosen Leben. Ein ähnliches Gefühl erlebt man beim Orgasmus, auch hierbei wird das Tor in die Zeitlosigkeit geöffnet.
Derart vergleichbar hat heutzutage so manche Frau mangels passendem Sexualpartner, wenn sie die passende Musik gefunden hat, den Orientalischen Tanz als Orgasmusersatz für sich entdeckt.

Fazit: Bauchtanz, auch Orientalischer Tanz genannt, in unserem Kulturkreis oft missverstanden als Balz-Tanz oder Konkurrenzkampf der Eitelkeiten (Wer ist die Schönste im Land?), passt, sofern selbst praktiziert, hervorragend als persönliche seelische Hygiene in den

Alltag von Frauen.

31. 8. 2015 - Bauchtanz als Meditation

Bauchtanz ist eine uralte Methode um Körper und Geist zu vereinen und wieder bei sich selbst anzukommen. Besonders nach stressigen Tagen kann man perfekt abschalten, wenn man sich seine Lieblingsmusik in den CD-Player einlegt und sich einfach zu den Rhythmen mit Bauchtanz bewegt.
Aber das kann ich doch mit jeder Musik und jedem Tanz, werden Sie jetzt vielleicht sagen.
Doch Bauchtanz wirkt gezielt auf die 'drei Engen' (W. Reich) des Körpers ein und löst dort gezielt Blockierung der Energie auf. Das kann man nicht von jedem beliebigen Tanzstil behaupten.

Die Art der isolierten Bewegungen besteht im schieben, kreisen, kippen, heben/senken, zittern von Körperteilen, wobei der restliche Körper in Ruhestellung verbleibt. Auf diese Weise interagiert jeder Körperteil isoliert mit der Schwerkraft. Das muss durch regelmäßiges Training erst einmal eingeübt werden.

Die drei Engen, die Wilhelm Reich beschreibt, befinden sich im Beckenboden, dem Zwerchfell und dem Halsbereich. Das sind Stellen, an denen Ringmuskeln funktionieren. An diesen Ringmuskeln machen sich zuallererst Verkrampfungen bemerkbar, die durch verdrängte Emotionen entstehen. Im Laufe der Zeit bilden sich Körperverformungen aus.
Der Körper agiert und fließt immer mit der Schwerkraft. Wenn bestimmte Körperstellen festgehalten werden, weil sich dort Blockierungen ergeben haben, bildet der Mensch in Bezug zur Schwerkraft ein kompensiertes Gleichgewicht aus. Eine verformte Körperhaltung entsteht.
So etwas lässt sich leicht bei älteren Menschen beobachten. Sie gehen z.B. vornüber gebeugt. Das muss durchaus nicht sein. Das ist kein unabwendbares Schicksal. Man muss lediglich regelmäßig Blockierungen des Energieflusses der Ringmuskeln verhindern.
Das macht man durch Bauchtanzbewegungen.

Grundlegende Bauchtanzbewegungen

für den Beckenboden sind:

Schritte, Drehungen
Hüftschieben
Beckenkippen,
Bauchkreisen,
Beckenwelle
Hüft-Drop,
Hüftschwung
Bauchschwapp, -kipp
Bauch-Twist,
Hüft-Pendel
Shimmie (Bauch-Zittern)
Hüftachten, -schleifen

für das Zwerchfell sind:

Brustkorb-Schieben
Brustkorb-Kreisen
Brustkorb-Heben/Senken
Brustkorb-Achten
Brustkorb-Welle vertikal

für den Halsbereich sind:

Arm u. Handbewegungen
Kopfhalbkreise, -schieben
Schulterkreise
Schlangenarme
Schulterpendel, -shimmie (zittern)

Der Rücken bzw. die Wirbelsäule kommt auch nicht zu kurz.
Grundlegende Bauchtanzbewegungen

für die Wirbelsäule sind:

Kamel
Körperwelle
Drehungen

Der Beckenboden-, Zwerchfell- und Halsbereich korrespondiert auf
seelischer Ebene mit den feinstofflichen Energiezentren, die im Yoga
'Chakra' genannt werden. So entspricht dem Beckenboden das
Wurzel- und Sakralchakra, dem Zwerchfell das Solar- und
Herzchakra, dem Halsbereich das Kehl- und Stirnchakra und der
Wirbelsäule das Kronenchakra.
Durch die Wirbelsäule steigt nach verbreiteter Ansicht der Yogis die
im Wurzelchakra ruhende Kundalini hoch zum Kronenchakra und
führt auf diese Weise zur Erleuchtung (Ekstase).
Wir stimulieren durch die regelmäßig praktizierten
Bauchtanzbewegungen automatisch im feinstofflichen Körper die
entsprechenden Chakren. Daher können auch durch Bauchtanz
Ekstaseerlebnisse eintreten.
In jedem Fall wird aber jegliche körperlich-seelische Blockierung bei
regelmäßiger Übung wieder aufgelöst und die gefürchteten
Köperverformungen und -steifheiten des Alters bleiben aus.

Bauchtanz ist, wenn man so will, Yoga in Bewegung. Durch die
permanente Bewegung in den entsprechenden Körpterteilen zum
Rhythmus der Musik wird der Körper gelockert und der Geist befreit.
Regelmäßig ausgeführt ergibt sich permanent körperliches
Wohlbefinden. Natürlich muss man auch bereit sein, sich auf sich
selbst einzulassen, um von Blockierungen frei zu werden. Sobald
emotionale Blockierungen frei werden wollen, kommen sie ins
Bewusstsein und müssen anerkannt werden, um sich aufzulösen.
Alles Schwere muss erst gesehen werden, um sich in Leichtigkeit und
Entspannung zu verwandeln. Danach gehen Bauchtanzbewegungen,
die erst schwierig waren, plötzlich wie von selbst und Freude stellt
sich ein.

Auf die Dauer hat man mit Bauchtanz als Meditation ein Mittel für
die köperlich-seelische Fitness zur Hand, das auch noch Spaß macht.

Was ist Meditation? Wir kennen die Sitz-Meditation mit dem Ziel der

Achtsamkeit. Hierbei müssen wir unseren Willen auf das Ziel „Achtsamkeit" konzentrieren.

Wir kennen den asiatischen Kampfsport mit dem Ziel, den Gegner zu besiegen. Hierbei müssen wir unseren Willen auf das Ziel „Gegner besiegen" konzentrieren.

Wir kennen Hatha Yoga mit dem Ziel, die körperliche Grenze zu überschreiten. Hierbei müssen wir unseren Willen auf das Ziel „Körpergrenze erweitern" konzentrieren.

Und schließlich müssen wir bei der Bauchtanzmeditation den Willen auf das Ziel „Körperschwingung und Musikschwingung in Einklang bringen" konzentrieren.

Immer geht es um die Ausrichtung / Bündelung / Konzentration des eigenen Willens. Das ist die Lenkung der uns zur Verfügung stehenden Energie (Lebenskraft).

Bei der Lenkung dieser Energie stößt man bald an seine persönliche Grenze. Meditation bedeutet daher auch: Grenzerfahrungen machen.

Bauchtanzmeditation, von mir unterrichtet, unterscheidet sich insofern vom allgemein üblichen Orientalischen Tanz-Training, als unter anderem keine komplizierten Choreografien eingeübt und auswendig gelernt werden müssen. Merke: wir werden nicht zuerst via Bauchtanzrhythmen in den Himmel der Illusion abheben, um uns anschließend von der Choreografie fremdbestimmen zu lassen. Stattdessen benutzen wir Bauchtanz als Yoga in Bewegung, um Achtsamkeit für uns selbst einzuüben und Kontakt zwischen Körper und Geist herzustellen. Bei der Bauchtanzmeditation wollen wir mittels der Bewegung unsere Körperschwingungen mit den Schwingungen der Musik synchronisieren. Gefühle sind Schwingungen. Deshalb richten wir bei der Bauchtanzmeditation unsere Aufmerksamkeit nicht auf die Perfektion der Bewegung, sondern auf unser Körpergefühl bei der Bewegung. Es interessiert uns zuerst einmal nicht wie das aussieht, was wir machen, sondern wie es sich anfühlt. Schon allein diese Herangehensweise an den Orientalischen Tanz dürfte für nicht wenige Frauen eine Grenzerfahrung beinhalten, da wir das Leistungsdenken (Mache ich es perfekt genug?) aufgeben und den kritischen Blick von außen (Bin ich schön? Wie sehe ich aus?) verlassen müssen, wenn wir bei uns selbst ankommen wollen. Durch Bauchtanzmeditation wird der spontane Einklang zwischen Selbst und Musik im Rahmen vorgegebener Bewegungsabläufe gefördert.

22. 9. 2016 - Bauchtanz und Chakren – Yoga in Bewegung

Der Orientalische Tanz hat seinen Ursprung im magisch-religiösen Bereich menschlichen Lebens. Als Geburtstanz wurde er zur Zeit des Matriarchats von Frauen um die Kreißende getanzt, um negative Emotionen, die die Geburt behindern konnten, zu verscheuchen. Gefühle sind Schwingungen. Musik ist Schwingung. Im Mitschwingen einzelner Körperteile zum Rhythmus der Musik werden Schwingungen synchronisiert, Gefühle geheilt.
Negative Emotionen entstehen durch Abtrennungen, Unterbrechnungen, Ungleichgewichte von Körper, Geist, Seele mit dem Guten in unserem Leben und dem göttlichen Funken in uns selbst. Jeder hat den göttlichen Funken in sich, nur leider ist er bei den meisten Menschen im Laufe ihres Lebens dermaßen verschüttet, dass sie keinen Zugang zu ihm finden können. Hier wirkt u. a. der Orientalische Tanz entgegen. Der Orientalische Tanz hat ursprünglich eine Reinigungsfunktion. Es geht um die Reinigung von negativen Emotionen, um den Ausgleich in den Chakren, um den Zugang zum göttlichen Funken, zur Lebenskraft.

Die Chakren sind aus dem Yoga bekannte wirbelnde Energiezentren des Körpers auf feinstofflicher Ebene bzw. innerhalb der Aura. Jedes Chakra verkörpert eine Farbe (Schwingung) aus dem Regenbogenspektrum. Man kann sagen, jedes Chakra vermittelt, wenn es ausgeglichen und aktiv ist, bestimmte positive Gefühle bzw. positive Energien (Frequenzen).

Das Wurzel-Chakra am unteren Ende der Wirbelsäule sorgt für Erdung und schenkt Gefühle von Sicherheit und Geborgenheit. Es schwingt im roten Farbspektrum. Unterstützend für das Wurzel-Chakra wirken auf feinstofflicher Ebene rote Halbedelsteine und Edelsteine wie z.B. Jaspis, Hämatit, Rubin. Für die Reinigung von Schatten bzw. Befreiung von Beklemmungen sorgt in der Bauchtanzmeditation die permanente Bewegung mittels z.B. Hüft-

Drop, Twist und ¾ Shimmie sowie Schrittkombinationen.

Das Sakral-Chakra etwa 3-fingerbreit unterhalb des Nabels auf der Höhe des Kreuzbeins steht für Sexualität, Kreativität und Lebensfreude. Die Farbe ist orange. Unterstützend wirken orange Edel- und Halbedelsteine wie z.B. Calzit und Karneol. Für die Befreiung von Beklemmungen sorgt die permanente Bewegung mittels z.B. Halbkreise, Becken-Kippen und Hüft-Pendel in der Bauchtanzmeditation.

Das Solarplexus-Chakra auf der Höhe des Sonnengeflechts schenkt, wenn ausgeglichen und aktiv, Gefühle menschlicher Wärme und Kraft sowie Gelassenheit und Selbstwertgefühl. Hier schwingen wir in unserer Mitte. Die Farbe ist Gelb und Gold. Unterstützend wirken gelbe Edel- und Halbedelsteine wie z. B. Citrin, Bernstein, Goldtopas. Für die Reinigung von Schatten in der Bauchtanzmeditation viele Kreise, Achten und Wellen tanzen.

Das Herz-Chakra in der Brustmitte auf der Höhe des Herzens ist mit unserer Existenz auf Erden und dem Höheren Selbst verbunden und vermittelt Gefühle von Liebe, Sympathie, Mitgefühl und Verständnis. Die Farbe ist grün. Unterstützend wirken grüne Edel- und Halbedelsteine wie z.B. Aventurin, Nephrit, Jade, Smaragd. Reinigung von Schatten bzw. Befreiung von negativen Emotionen wird in der Bauchtanzmeditation durch die permanente Bewegung mittels Shimmie und Drehungen erreicht.

Das Hals-Chakra auf der Höhe des Kehlkopfs ist mit Kommunikation und Selbstausdruck verbunden. Die Farbe ist blau. Unterstützend wirken Halb- und Edelsteine des blauen Farbspektrums wie z.B. Sodalit, Calzedon, Türkis. Für die Befreiung von Beklemmungen sorgt in der Bauchtanzmeditation die permanente Bewegung mittels z.B. Halbkreise, Becken-Kippen und Hüft-Pendel.

Das Stirn-Chakra zwischen und etwas über den Augenbrauen ist mit Erkenntnis, Intuition und dem Bewusstsein unserer selbst verbunden. Die Farbe ist indigo. Unterstützend wirkt z.B. Lapislazuli und für Reinigung sorgen in der Bauchtanzmeditation die Bewegungen des

Brustkorbs, der Schultern, Arme und Hände.

Das Kronen-Chakra an der höchsten Stelle des Kopfes steht im Zusammenhang mit Glück, Erleuchtung, der Verbundenheit mit allem Lebendigen. Die Farbe ist violett und weiß. Unterstützend wirken z.B. Bergkristall, Diamant, Amethyst. In der Bauchtanzmeditation sorgen auch hier die Bewegungen des Brustkorbs, der Schultern, Arme und Hände für Reinigung von Schatten in diesem Bereich.

Mehr zum Thema Bauchtanz als Meditation gibt es im Artikel der Zeitschrift Sein, Nr. 7/2016.

Wenn durch die permanente isolierte Bewegung einzelner Körperteile in der Bauchtanzmeditation Blockierungen ins Bewusstsein kommen wollen, kann sich das z. B. in Zuständen von Beklemmung, Schmerz und zeitversetzt auch als Panikattacken, Albträumen und dergleichen Zuständen mehr äußern, die in der Regel nachts auftreten.
Erste Hilfe bei derartigen Zuständen ebenso wie bei schwarzmagischen Angriffen, die sich genauso äußern, bietet aus schamanischer Sicht das Handauflegen auf die schmerzende Stelle wie folgt:
Man lege sich in der Haltung des Gehängten (Tarot) auf das Bett oder auf eine Decke am Boden, entweder auf den Rücken oder auf den Bauch, je nachdem was angenehmer ist.
Die rechte Hand lege man auf die schmerzende Stelle am Körper (oder auf das Herz, wenn keine schmerzende Stelle auszumachen ist, wie bei Panikattacken und Albträumen), die linke Hand auf eine der 8 Zentren und 4 Ecken des Körpers: Scheitel, Kehle, Schultern, Herz bzw Zwerchfell, Nabel, Hüften, Schambein, Steißbein, Knie, Fußsohlen, vorzugsweise auf eine Stelle möglichst weit weg von der schmerzenden Stelle.
Nun konzentriere man sich auf seine Hände einschließlich der Stelle, wo die Hände aufliegen und lenke den Atem. Dabei atme man tief in das Herz ein und in die Hände aus. Die Gedanken werden durch die Konzentration auf die Ein- und Ausatmung beruhigt. Man denke also unentwegt an die Hände und die Körperstelle, die sie abdecken und atme tief ein und aus. Das dürfte allmählich zu einer Beruhigung und das Nachlassen des Schmerzes führen, wodurch man sich wieder

entspannen, oder falls der Anfall nachts auftritt, wieder einschlafen kann. In der Regel erscheinen anschließend die Ursachen der Blockierung im Traum. Sobald sie im Bewusstsein angekommen sind, ist man befreit.

Mehr über den Kundalinieffekt des Orientalischen Tanzes erfahrt ihr hier: "Bauchtanztraining meditativ - der innere Raum", eBook.

2. 5. 2018 - Die Göttin tanzt! - Aphrodites Tanz ist Bauchtanzmeditation

Frauen, die sich dem Orientalischen Tanz widmen, tun dies oft aus einem unbewussten "Unbehagen an der Kultur" heraus, das sich in sexuellen Problemen äußert, die sich in ihren Partnerschaften einstellen. In unserer Zeit der sexuellen Freiheiten treten paradoxerweise diese Probleme massenhaft auf. Das Phänomen wird mit dem Begriff "Low Sexual Desire Syndrom" bezeichnet, was soviel wie "keine Lust mehr auf Sex" bedeutet. Es fehlt Frauen oftmals an "Geist beim Sex". Die "Ex und Hop-Mentalität" unserer Gesellschaft in Verbindung mit Stress vertreibt die Romantik aus unseren Beziehungen, sodass es Frauen häufig unmöglich gemacht wird, in ihren Partnerschaften Sex nach ihren eigenen Wünschen und Vorstellungen zu kreieren. Aber genau das ist es, was Frauen wollen.

Instinktiv wenden sich Frauen unseres Kulturkreises bei ihrer Suche nach "Ekstase" (Befreiung von Druck), die ihnen beim Sex abhanden kam, schon seit geraumer Zeit dem Orientalischen Tanz zu und suchen ihr Glück in Bauchtanzstudios.

Bauchtanz diente ursprünglich dazu, Körper und Geist zu vereinen, um "lebendig" zu werden und "begeistert" zu sein.

Im antiken Griechenland ging das soweit, das Frauen, die zum Beispiel dem Geist der Aphrodite angehörten, glaubten, dass diese Göttin ihnen die "große Liebe" ihres Lebens verschaffen würde, wenn sie ihr zu Ehren tanzten. Ob das auch heute noch funktioniert, kann ich nicht sagen. Der Tanz aber, der dabei aufgeführt wurde, hieß "cifte telli" und so heißt Bauchtanz in Griechenland noch heute.

Ein anderer Mythos aus jener Zeit berichtet von der Großen Göttin als der "Beherrscherin der Finsternis / Erfüllerin der Wünsche" (Shah).

Im griechischen Schöpfungsmythos tanzt Eurynome, die große Göttin, in der Finsternis wild und immer wilder bis sich ein Nebel,

Schleier, Wind hinter ihr erhebt. Es ist Ophion, die große Schlange. Sie ergreift die große Schlange, die sich mit ihr paart. Eurynome wird schwanger und gebiert das Licht.

Das Symbol für Finsternis, Grenze, Ungleichgewicht, Trennung und alles Negative ist der Schleier, ein Requisit des Bauchtanzkostüms, berühmt und berüchtigt geworden durch Ishtars (eine babylonische Göttin) "Tanz der sieben Schleier".

So sagt beispielsweise auch Isis (alt-ägyptische Göttin): "Ich bin alles, was gewesen ist und ist, und sein wird, und kein Sterblicher hat meinen Schleier gelüftet."

Der Ishtar-Mythos erzählt davon, dass Ishtar in die Unterwelt / Finsternis hinabsteigt, um einen verstorbenen geliebten Menschen zu suchen und an jedem Tor dafür, dass sie eingelassen wird, einen Schleier verliert. Während ihrer Abwesenheit liegt das Land brach und verdorrt. Als sie zurückkehrt mit all ihren Schleiern, kehrt auch das Leben zurück und das Land blüht auf.

Mit dieser Allegorie des Tanzes der Göttin mit den Schleiern wird im übertragenen Sinne die Transformation des eigenen Ungleichgewichts in Erkenntnis, die Umwandlung von "Sorgen / Trauer / Frust..." in Energie, die Beherrschung der negativen Emotionen des eigenen Körpers - durch Tanz - beschrieben.

Diese Fähigkeit der Transformation negativer Emotionen steht nicht mehr jeder / jedem automatisch zur Verfügung, die / der sich heute mit Bauchtanz befasst.

Alle tanzenden Personen offenbaren im Orientalischen Tanz aber immer ihr jeweiliges Lebensgefühl, das von Tag zu Tag und von Situation zu Situation differiert:

Abgestoppte, hektische, eckig und plump aussehende Bewegungen zeugen von den jeweiligen seelischen Blockierungen der tanzenden Personen. Aber auch die technisch perfekten Performance-Küren der "Profis" lassen vor Langeweile oftmals gähnen und offenbaren dann das mangelnde Gefühl für die Schwingungen der Musik und der eigenen Seele. Denn: Auf die Seele, dieses rätselhafte Phänomen, kommt es beim Orientalischen Tanz eben an!

Um die Wiederverzauberung unseres Selbst zu erlangen, sollten wir uns daher nicht daran hindern lassen, Bauchtanz ausgiebig zur persönlichen Entwicklung zu nutzen.

Meditation ist der Schlüssel, um dem eigenen Geist und der eigenen

Seele wieder zu begegnen. Mittels einer Kombination von Bauchtanz und Meditation gelingt es, die Empfindsamkeit einer Person für den Geist ihres Körpers herzustellen und eine Brücke zwischen der inneren und der äußeren Welt zu bauen.

Denn nur die Schwingungsfrequenz echter Freude über das wiedergefundene Paradies im Innern ist das Geheimnis persönlicher Kraft. Bauchtanzmeditation ist Initiation zugleich, ist Einweihung in die Erkenntnis, dass das Paradies kein Ort ist, sondern ein Zustand.

Die orientalische Musik enthält jene seit Jahrtausenden überlieferten Melodien und Rhythmen zur Transformation negativer Emotionen. Das Fühlen der Musik im Körper sowie die Lust sich auf dieses Abenteuer der Entdeckung des eigenen Innern einzulassen, sind die Voraussetzung, um unter anderem persönliche Ängste, Stress oder Erwartungshaltungen der Umgebung im Tanz loslassen zu können und glücklich zu sein.

Ich habe eine Anleitung zur Bauchtanzmeditation für alle Frauen, die das Bedürfnis verspüren, ihr Kraftzentrum mit Tanz zu erwecken, im Buch: "Orientalischer Tanz und Ekstase - der weibliche Weg zum 'magischen Feuer'" zusammengestellt.

Frauen in der Gesellschaft

11. 3. 2012 - Gelebte Weiblichkeit

Unlängst las ich in einem Artikel, dass Frauen ihre eigene Weiblichkeit ablehnen: „Die zunehmende Emanzipation der Frau in allen Bereichen, in erster Linie innerhalb des Arbeitslebens, führte zu einer zunehmenden optischen Transformation des Körpers der Frau und einer Abschaffung der „allzu weiblichen" Attribute. Aber auch zu einer Veränderung ihrer Selbstwahrnehmung, somit also zu einer Ablehnung der eigenen natürlichen Weiblichkeit." (Viviana Marrone) Dafür verantwortlich sei die zunehmende Emanzipation der Frau im Arbeitsleben, also die Tatsache, dass Frauen heutzutage 'ihren Mann stehen' müssen.

Es ist aber so, dass heutzutage auch Männer zunehmend 'ihre Frau stehen' müssen. Die Geschlechter gleichen sich an. Unisex-Mode und Gender-Mainstreaming sind Ausdruck der zunehmenden Angleichung der Geschlechter in der Postmoderne. Dennoch ist die Ursache für diese Androgynität gewiss nicht die Emanzipation der Frau, denn beide Geschlechter sind zum 'Subjekt/Objekt der Arbeit im Apparat' (Dutschke), zum Roboter, geworden. Männlichkeit und Weiblichkeit verwischen im Auge des Betrachters aufgrund der Technisierung der Arbeitskräfte, nicht aufgrund der Emanzipation der Frau. In einer postmodernen Gesellschaft, in der das neoliberale 'the winner takes all' – Prinzip herrscht und die daher die Protagonisten zum Rennen nach Erfolg und Macht als alleinigem Lebensziel antreibt, haben Männlichkeit und Weiblichkeit keine Chance.

Dennoch kann es nicht erstrebenswert sein, zurück in die 50er Jahre, mit ihrer Doppelmoral und dem Vorherrschen kleinbürgerlicher Werte, zu wollen, bloß weil damals noch ein anderes Frauenbild herrschte, das die Weiblichkeit (man denke nur an die Kurvenstars wie Marilyn Monroe etc.) stärker betonte.

Die kleinbürgerlichen Werte der Moderne, die Männlichkeit und Weiblichkeit zwar stark betonten, als aber Frauen noch als Waren gehandelt wurden, als Besitz eines Mannes auf die Familie reduziert wurden, und als Erfolg und Machtstreben allein den Männern vorbehalten war, sind anachronistisch.

Diese Variante wird heute in der Regel von eingewanderten muslimischen Migranten gelebt und der daraus resultierende Konflikt ist kein 'Kulturkampf' sondern vielmehr ein Konflikt zwischen Moderne und Postmoderne.

Wir leben in einem historischen Umbruch. Die Machtmanager oder auch 'Funktionseliten' (Krysmanski) wie Wissenschaftler, Politiker, Medienmacher etc. haben weiter nichts zu tun als Verwirrung zu stiften, damit sich keiner mehr auskennt. Gibt es Verwirrung, können die Menschen um so leichter in einem 'Kulturkampf' oder gar 'Religionskrieg' gegeneinander im Interesse der Herrschenden ausgespielt werden.

Man denke nur an Wulffs Aussage: 'Der Islam gehört zu Deutschland' oder Sarrazins These: 'Intelligenz ist erblich'. Meiner Ansicht nach gehört der Islam ebenso wenig zu Deutschland wie Intelligenz erblich ist. Genauer: Muslime mögen zwar inzwischen auch zu Deutschland gehören, aber der Islam passt nicht zu Deutschland und das ist der 'springende Punkt'.

Wozu brauchen wir noch eine weitere patriarchale Religion? Haben wir in unseren Breitengraden seit dem Beginn der Neuzeit nicht schon genug Greueltaten des Christentums erlebt? Müssen wir hier demnächst auch noch mit den Greueltaten des Islam konfrontiert werden?

Deshalb gilt, die Problemlösung von heute heißt: befreie Deinen Geist! Wie macht man das? Indem man sich auf seinen Körper besinnt und lernt, wie man seine Gefühle bewusst selbst steuert. Dann haben auch Männlichkeit und Weiblichkeit wieder eine Chance.

Der gesamte Text steht in meinem Buch: „Die Glücksfresser und das Feng Shui der Steine".

27. 6. 2016 - A Hip Guide to Happiness, Gabrielle Bernstein

Rezension:

Erst einmal ein dickes Lob für die Autorin, dass sie ihre LeserInnen dazu bringen will, ein Bewusstsein ihrer eigenen Frustrationen zu bekommen und davon abzulassen, ihre eigenen negativen Energien nach außen zu projizieren. Das ist schon allein 5 Sterne wert, denn schlimmstenfalls trifft soetwas die Sündenböcke der Gesellschaft. Dabei bleibt sie jedoch nicht. Sie will darüber hinaus ihre LeserInnen zum Glücklichsein annimieren. 'Annimieren' ist genau das richtige Wort. Denn sie bietet uns ein komplettes Programm zum Mitmachen und eigene Erfahrungen sammeln. Als ehemalige PR-Frau geht sie sehr pragmatisch vor und präsentiert uns eine Fitness-Meditations-Selbsterkenntnis-Kombination, die von ihr auf jedes Problem extra abgestimmt wurde und praktikabel sein soll, wenn man sich genau an die Ausführung hält. Dabei greift sie ganz tief in die Selbsterfahrungs-Trickkiste der Esoteriker der letzten Jahrzehnte - von Eckard Tolle bis Shakti Gawain. Ihre Lieblingsquelle ist jedoch 'Ein Kurs in Wundern' der US-Foundation for Inner Peace und der Psychologin Helen Shucman.

Ihre Zielgruppe ist die von Informationen überflutete und vom burnout bedrohte Generation des 'schneller-höher-weiter-besser and the winner takes all' – Prinzips, deren Perspektive sie von Oberflächlichkeiten weg ins eigene Innere lenken will.

Und hier ist sie, die Instant-Formel, die dein Leben umkrempeln soll: Man nehme positive Affirmation, körperliche Aktivität, Meditation und intuitives Schreiben und wende diese Formel jeden Tag mindestens 30 Tage hintereinander an, dann verschwindet das Problem.

Ihrer Aussage zufolge hätte sie damit ihre eigene Suchtkrankheit in den Griff bekommen.

Wenn man beispielsweise verzweifelt ist, benutze man eine positive Affirmation wie z.B.: „Mir geht es großartig" und eine körperliche Aktivität, z.B. Seilspringen. Man hüpfe also über das Seil und rezitiere innerlich unablässig wie ein Mantra den Satz „Mir geht es großartig". Durch Konzentration auf das Mantra beim Seilspringen wird der Mensch für die Dauer der sportlichen Aktivität erst einmal von seiner Verzweiflung im Sinne einer Autosuggestion befreit. Anschließend mache man eine geführte Meditation (Anleitung im Buch und auf der Webseite der Autorin), dadurch kommt man zur Ruhe, weil man sich auf Einatmen und Ausatmen im Hier und Jetzt konzentriert und den Anweisungen der Autorin folgt. Anschließend nehme man sich Papier und Bleistift und schreibe zum Zwecke der Selbstreflexion alle Gedanken, die einem ohne langes Nachdenken einfallen, nieder. So weit so gut. Das wirkt für den Anfang auf jeden Fall. Damit das nachhaltig wirkt, muss es jeden Tag 30 Tage lang wiederholt werden. In dieser Zeit sollte man seinem Problem 'auf die Sprünge' gekommen sein und es sollte sich eine Veränderung der Situation einstellen, die zu dem Problem geführt hat. Soweit das Heilsversprechen.

Wie sieht das in der Praxis aus? Ich hätte Schwierigkeiten 30 Tage 'am Ball' zu bleiben. Sobald meine Verzweiflung verschwunden wäre, würde ich damit aufhören und erst wieder damit anfangen, wenn das Problem wieder auftritt. Und das ist auch der Punkt. Sie will, dass sich die Menschen von Grund auf ändern und ich will so bleiben wie ich bin. Vielleicht, weil ich ohnehin mit mir zufrieden bin. Deshalb ist das Buch meiner Meinung nach nur etwas für Menschen, die sich selbst nicht leiden können. Das belegt auch ihr Verständnis vom „Ego" als etwas Schlechtes, als 'Angstgedanke', während demgegenüber die 'Intuition' in ihrem Verständnis als das Gute, was es sicher auch ist, hervorgehoben wird. Mich stört hierbei aber das Verhaftetsein im Dualismus. Menschen, die sich selbst nicht leiden können, haben mit dem Buch die Chance, sich selbst wieder zu mögen, weil sie sich möglichst vollständig auf ihre 'Intuition' bzw.

'innere Führung', auf 'das Gute' fokussieren. Was aber, wenn ihnen diese 'Intuition' vorübergehend abhanden kommt? Dann müssen sie wie ein Junkie erneut schnell wieder zu ihrer Instant-Formel für das Glücklichsein greifen, sonst können sie nicht weiterleben. Das Ergebnis ist der Zwang zum Glücklichsein.

Lachen und Weinen gehören aber beide zum Leben dazu. Warum soll man eine Stimmung wie Verzweiflung nicht einfach einmal aushalten und als zu einem selbst gehörend anerkennen? Und sich selbst nicht auch einmal als verzweifelter Mensch annehmen und lieben? Meist löst sich diese Stimmung dann von ganz allein auf. Das ist meine Erfahrung!

In jedem Fall haben AnfängerInnen auf dem Gebiet der Esoterik mit der Bernstein Methode die Möglichkeit, dem Leben eine neue Richtung zu geben.

18. 9. 2016 - Vom Schleier der Kultur

Frau sein in der Konsumgesellschaft:
Menschliche Daseinserfahrung in der Postmoderne ist gekennzeichnet durch ein Denken in Kategorien wirtschaftlich-technischer Rationalität, durch eine Überflutung mit Informationsfragmenten und dadurch Lenkung des verunsicherten Individuums der Massengesellschaft, das in Scheinrealitäten lebt und arbeitet, im fremden Interesse. Die Wirklichkeit ist selbst Teil der Simulation geworden. Wir leben in 'Realitäts-Tunneln' (Wilson) und können kaum noch unterscheiden, was wichtig und unwichtig, richtig und falsch, gut und böse für uns ist. Alles erscheint uns wichtig und unwichtig, alles richtig und falsch, gut und böse.

Orientierungslosigkeit und zunehmende Willkür bewirken, dass Menschlichkeit und Leben ebenso wie die gesamte Natur weiter zerstört werden. Diese Gesellschaft mit ihrer Jagd nach Geld geniert sich nicht, Frauen allein die Sorge um die nächste Generation zuzumuten, wodurch Frauen entweder der Kinder wegen gezwungen werden, bei einem ungeliebten Mann zu bleiben oder andernfalls gezwungen werden, um der Karriere willen auf Kinder zu verzichten. Beides ist gleichbedeutend mit dem Verzicht auf einen Großteil ihrer Sexualität und das heißt: ihrer Gesundheit! Am glücklichsten glauben sich dann nur noch die Frauen, die es schaffen, Kinder und Karriere 'unter einen Hut' zu bringen, was in der Regel ziemlich selten gelingt, weil die entsprechende gesellschaftliche Infrastruktur sowie Arbeitszeitverkürzung für alle die Grundvoraussetzung dafür wäre. Den meisten Frauen bleibt daher das 'behinderte' Leben. Frauen müssen dem etwas entgegensetzen, um sich weiterentwickeln zu können: das Recht aller Menschen auf freie Entfaltung – ein Lebensgesetz – auch für sich in Anspruch nehmen zu können.

Als Reaktion auf zunehmende Orientierungslosigkeit ist die Flucht in kleinbürgerliche Werte zu beobachten, eine Massenhysterie des Haben-müssens, um die innere Leere nicht spüren zu müssen. Dass das uns nützt, bezweifle ich.

Fest steht, schon wenn wir unsere Gesundheit nicht weiter einschränken lassen wollen, ist eine neue Ethik vonnöten, da die Ethik der wirtschaftlich-technischen Rationalität im Konkurrenzsystem der 'industriellen Einheitszivilisation' (Golowin), bekannt in ihrer historischen Ausprägung als Kapitalismus und Sozialismus, wenn sie sich totalitär gebärdet, letztlich zum Genozid ('ethnische Säuberung') führt. Das bedeutet auf die Dauer: den Untergang jeglicher Zivilisation. Eine neue Ethik des Lebens muss eben genau darauf basieren, woran es heute weitestgehend mangelt: auf der Wertschätzung des Lebens, der Natur und der Menschlichkeit. Wechselseitige Abhängigkeiten in der Gesellschaft sind unser Schicksal, aber auch unsere Chance. Deshalb sind wir unserem Schicksal keineswegs hilflos ausgeliefert. Dieser Zusammenhang wird häufig genug vergessen. So kann man sich beispielsweise in einer Demokratie in Interessengemeinschaften zusammenfinden, um Ziele zu verwirklichen.

Oft genügt es aber vollkommen, die zugewiesene Rolle, sofern sie einem nicht mehr passt, zu verweigern – ganz einfach! Einfach? Genau hier stößt die einzelne Frau meist an die Grenzen ihrer persönlichen Möglichkeiten. Dennoch ist es unsere Lebensaufgabe an sich, unsere Grenzen zu überwinden, und uns nach allen Richtungen hin zu entfalten. Unser ganzer Lebenssinn seit Anbeginn der Menschheit besteht darin, die Grenzen persönlichen Wachstums zu überschreiten und uns weiter zu entwickeln, ein Auftrag der Evolution, sozusagen ein Naturgesetz. Andernfalls beschädigen wir uns selbst und es erwartet uns das gleiche Schicksal wie einstmals die Dinosaurier, wir sterben aus.

Als Pädagogin und Tänzerin interessierten mich vor allem die Möglichkeiten der Persönlichkeitsentwicklung und so habe ich diesbezüglich verschiedene Techniken der Körperarbeit untersucht, u. a. den Orientalischen Tanz. Beim Orientalischen Tanz finden Frauen insbesondere das, was die Stärke weiblicher Schöpfungskraft freisetzen kann – eine Art Selbstfindung mit Verjüngungseffekt: Das vorübergehende Verweilen im Zustand der 'Vereinigung mit sich selbst' und als Ergebnis davon das wiedergefundene Körpergefühl einer Achtzehnjährigen.

Für mich war nach ekstatischer Bauchtanzmeditation die Bürde der Jahre tagelang wie vom Erdboden verschluckt, zerstört war eine kleine Weile alles, was den Organismus belastete. Ein Erlebnis, das etwas Unglaubliches bewirkte: Die Möglichkeit der Verjüngung, der Erneuerung der Lebenskraft und somit des Körpers, rückte in das Bewusstsein.

Um jedoch dieses individuell-schöpferische Element von Sinnlichkeit durch Bauchtanz freisetzen und darüber hinaus für die Befreiung von persönlichen Ängsten und den Spuren, die diese am eigenen Körper hinterlassen, nutzbar machen zu können, musste offenbar etwas Wesentliches dazukommen, denn es begegneten mir auch viele Bauchtänzerinnen ohne Esprit. Die Schlussfolgerung besteht darin, dass die Qualitäten einer in sich ruhenden Frau, die zudem über ein ausgeprägtes Charisma verfügt, nur entstehen, wenn sie die Bedingungen ihrer Existenz bewusst mitbestimmt.

Dieses Ziel verfolgt der Feminismus seit den 60er Jahren letzten Jh. und spricht zu diesem Zweck vom "Mythos der Weiblichkeit", was in dem heutigen Gender-Mainstreaming gipfelte, der Angleichung der Geschlechter in Beruf und Gesellschaft. Da auf diese Weise aber auch gleichzeitig die spezifisch weibliche Fähigkeit des Kontakts zur Gefühlswelt diskreditiert wurde (siehe Simone de Beauvoir, „Das andere Geschlecht"), befinden sich Frauen derzeit in einer schrecklichen Identitätskrise. Hier einige Auswüchse: Frauen glauben dass sie Männer sind, tun sich in Rudeln zusammen und laufen einem Ball hinterher; andere Frauen wollen gleich ganz aus der Welt verschwinden (Magersucht); wieder andere stopfen soviel in sich rein, bis sie sich deutlich sichtbar den Raum nehmen, den man ihrer Weiblichkeit verweigert (Fettleibigkeit); dann gibt es seit Neuestem den Trend, sich freiwillig einen Ganzkörper- und Gesichtsschleier überzustülpen, um als Frau aus der Gesellschaft zu verschwinden.

Hinter all dem steckt das unbestimmte Gefühl, als Frau irgendwie nicht zu genügen, in der Gesellschaft nicht richtig angenommen zu sein, weshalb wir heute wieder vollkommen neu lernen müssen, unsere Gefühlswelt wertzuschätzen und uns anhand unserer Gefühlswelt zu orientieren.

9. 3. 2018 – Weltfrauentag: 8. März - Unterwegs zur weiblichen Kraft

Unsere Weiblichkeit können wir mit dem „Kalender der Göttin" neu entdecken.

Im „Kalender der Göttin" begeben wir uns auf eine Traumreise in die Tiefe unseres Unterbewusstseins. Wir werden Dämonen, Abgründen, dem Hüter der Schwelle und auch dem einen oder anderen Helfer begegnen.

Zuletzt werden wir belohnt. Wir entdecken die Göttin.

Endlich können wir unsere weibliche Seite umarmen und alles wieder in Harmonie bringen, indem wir unseren weiblichen Körper, den Tempel der Göttin, ehren.

Es geht darum, uns selbst wertzuschätzen, indem wir mittels Traumreisen unsere eigenen Ressourcen wiederfinden.

Die neuen weiblichen Vorbilder sind die alten Göttinnen. Es sind Weisheitsträgerinnen, Priesterinnen, Archetypen, die bereits in Vergessenheit geraten sind und von uns ans Licht geholt werden. Wir lernen unserer eigenen göttlichen Weisheit wieder zu vertrauen.

Indem wir uns selbst auf diese Weise sehen, begreifen wir uns als magisches Wesen. Mit der Göttin an unserer Seite erreichen wir den Platz der Kraft.

Der „Kalender der Göttin" verbindet im Göttinnen-Orakel Bauchtanzbewegungen und Heilsteine, und er enthält Rituale zum Selbstausprobieren. Göttinnen-Anbetung geschieht durch Bauchtanz.

28. 6. 2018 - Was hat weibliche Freizügigkeit mit der Fußball-Pleite der deutschen Nationalelf zutun?

Als die existenzialistische Philosophin Simone de Beauvoir 1949 in ihrem Buch „Das andere Geschlecht" die Wichtigkeit eines gleichberechtigten Zusammenlebens von Frauen und Männern in der Gesellschaft hervorhob, verwies sie auf die Sowjetunion und schrieb: „Eine Welt, in der Mann und Frau gleich sind, kann man sich leicht vorstellen. Denn es ist genau die Welt, welche die sowjetische Revolution versprochen hatte: Die Frauen würden genau wie die Männer erzogen und geformt, sie arbeiteten unter den gleichen Bedingungen und um den gleichen Lohn. Daß manche überschwere Berufe ihnen versagt bleiben, widerspricht diesem Plan nicht: Selbst unter den Männern sucht man mehr und mehr eine berufliche Anpassung zu erzielen. Ihre körperlichen und intellektuellen Fähigkeiten beschränken ihre Auswahlmöglichkeiten. Jedenfalls soll jede geschlechtliche und kastenmäßige Grenze wegfallen. Die sexuelle Freiheit würde von den Sitten gestattet, aber der Geschlechtsakt würde nicht mehr als ein Dienst angesehen werden, der sich bezahlt macht. Die Frau würde genötigt sein, sich einen anderen Lebensunterhalt zu sichern. Die Ehe würde auf einer freien Vereinbarung beruhen, welche die Gatten aufkündigen könnten, sobald sie wollten. Die Mutterschaft wäre frei, d. h. man würde die Geburten-Beschränkung und die Abtreibung gestatten und dafür allen Müttern und ihren Kindern genau dieselben Rechte geben, ob sie verheiratet sind oder nicht. Schwangerschaftsurlaub würde von der Kollektivität bezahlt werden, welche die Betreuung der Kinder übernähme. Das soll nicht heißen, daß man sie den Eltern entziehen, sondern daß man sie ihnen nicht ausliefern würde."
(Simone de Beauvoir, Das andere Geschlecht, S. 675)

Immerhin scheint das sowjetische Experiment in dieser Hinsicht nachhaltig gewirkt zu haben, denn im weltweiten Ranking sind im nachsowjetischen Russland heute mit Abstand die meisten Frauen in Führungspositionen anzutreffen. Wohingegen Deutschland sich erst auf Platz 5 wiederfindet.

Neuerdings müssen wir in Deutschland jedoch aufpassen wie wir selbst diesen 5. Platz weiter halten können. Mit dem zuletzt durch das Merkel-Regime millionenfachen Import eines rückständigen Geschlechtermodells nach Deutschland sind wir nunmehr in Gefahr weibliche Freizügigkeit auf dem Altar falsch verstandener Toleranz zu opfern. So wird in NRW gerade mit Unterstützung der Familienministerin Frau Giffey, eine Angehörige der doppelgesichtigen SPD, abermals eine 'kastenmäßige Grenze' etabliert, die in Deutschland eigentlich nichts zu suchen hat:

Das im Grundgesetz verankerte Gleichberechtigungsrecht von Frauen und Männern gilt, wie Frau Giffey signalisiert, nicht mehr für hierzulande lebende muslimische Frauen. Sie werden nun von Kindheit an in ihrer Freizügigkeit eingeschränkt, indem sich der Staat von ihnen abwendet und sie ihren Eltern und deren Vorschriften ausliefert, die mit Gleichberechtigung von Männern und Frauen nichts zutun haben.

In der Erziehung deutscher Mädchen gilt mit Unterstützung von Frau Giffey künftig zweierlei Maß, die einen dürfen ihren Körper beim Schwimmen frei bewegen, die anderen werden zwecks Domestizierung durch Stoffbahnen daran gehindert.

Was ist ein Staat, der seine Gesetze selbst nicht ernst nimmt und umsetzt eigentlich noch wert? Nichts! Genau diese Willkür, diese Beliebigkeit der Werte, spiegelt sich im Niedergang der deutschen Nationalelf wieder. Wofür sollen die auch kämpfen und spielen? Für einen Staat der seine eigenen Werte verrät?

Feng Shui

16.1.2009 - Berufsberatung nach Hexen Art

In den 'Vier Säulen des Schicksals' nach der Tzu Ping Astrologie kann man erkennen, welcher Beruf und / oder welche Branche besonders für einen geeignet ist, um nicht nur erfolgreich sondern auch zufrieden zu werden.

Eine Holz-Person ist z.B. für folgende Berufe besonders geeignet:
Erziehung, Schriftstellerei, Verlagswesen, Bekleidungsindustrie,

Mode, Handel mit pflanzlichen Produkten, auf Holz basierende Industrien (z.B. Papierherstellung, aber auch Forstwirtschaft), Umweltschutz.
Eine Metall-Person z.B. für:
Stahlproduktion, Metall verarbeitende Industrien, Automobil-Industrie, strategisches Management, Schmuckerzeugung und Juweliere, Maschinenbau, Computer, High-tech-Industrie, Gesundheitswesen, Kosmetik, als Bankangestellter.
Eine Wasser-Person z.B. für:
Kommunikationsbranche, Fischfang, Wahrsagerei, Heilberufe, als Vortrags-Reisender, Lehrer, Schiffahrt, Reedereien, Getränke-Herstellung.
Eine Feuer-Person z.B. für:
Restaurantbetriebe, Alkohol-Herstellung, Energiewirtschaft, Elektrobranche, Unterhaltungsindustrie, Börsenwelt, Broker, Luftfahrt.
Eine Erde-Person z.B. für:
Rohstoffgewinnung, Architektur, Immobilien, Hotelbranche, Rechtsanwälte, Management, Berater und Sozialwissenschaftler, Chemieindustrie, Versicherungen, Vermögensverwaltung.

Wer wissen will, welche Elemente-Persönlichkeit er ist, der schaue auf meiner gesponserten Webseite morganetarot.de unter 'Feng Shui' und 'Vier Säulen des Schicksals' nach. Dort gibt es, wenn man ein wenig Geduld aufbringt und die Werbeeinblendungen wegklickt, die Möglichkeit ganz umsonst das eigene Geburtsdiagramm online berechnen zu lassen. Das maßgebliche Element für den Beruf ist das Element des Tagesstamms.

Für Marilyn Monroe, die am 1. Juni 1926 um 9:30 Uhr geboren wurde, ergab sich beispielsweise dieses Vier Säulen Diagramm für ihr Schicksal:

-Wasser	-Metall	-Wasser	+Feuer
+Feuer	-Metall	+Feuer	+Holz
Stunde	Tag	Monat	Jahr

Sie war eine Metall-Person und hätte sich folglich in den Branchen und Berufen, die für eine Metall-Person geeignet sind wohler gefühlt als in der Schauspielerei, die dem Feuer-Element angehört und die ihr letztlich zum Verhängnis wurde, da Feuer Metall angreift und schmelzen lässt.

16. 3. 2016 - Das Feng Shui der Kristalle

Feng Shui befasst sich mit den Energien (Schwingungen) von Mensch und Umwelt. Nach der Regel 'Wie außen so innen' wirken Mensch und Umwelt aufeinander ein. Eine unaufgeräumte Wohnung lässt auf den 'unaufgeräumten Geist' des Bewohners schließen. Sind Bereiche der Wohnung verstellt, fehlen oder sind sonstwie gestört, hat der Bewohner mit den entsprechenden Schwierigkeiten in seinem Leben zu kämpfen. Deshalb zielt im Feng Shui alles darauf ab, die Umwelt harmonisch zu gestalten, um Glück für den Menschen anzuziehen. Hierfür bedient man sich ausgeklügelter Methoden in der Architektur, Raum- und Gartengestaltung. Ergänzend kann man sich zum Ausgleich von Energiedefiziten die elektromagnetischen Schwingungen von Kristallen zunutze machen.
Sensitive Menschen können die Schwingungen der Kristalle spüren und von ihnen profitieren. Versuche es selbst einmal. Nimm einen Kristall in die Hand und fühle dich ein. Gefühle wie Kribbeln, Prickeln, Taubheit, Wärme zeigen an, dass man den richtigen Kristall für den Ausgleich in den Händen hält. Trage ihn solange mit dir in der Tasche herum, lege ihn unter das Kopfkissen oder trage ihn direkt auf der Haut bis du fühlst, dass es dir wieder besser geht, weil du dich energetisch aufgeladen hast. Dann reinige den Kristall und bewahre ihn für spätere Verwendung auf.
Es könnte zum Beispiel sein, dass du mit Ängsten und Depressionen zu kämpfen hast. In diesem Fall dürfte die Harmonie im NW Bereich deiner Wohnung, der hilfreiche Menschen, väterliche Freunde, Mentoren symbolisiert, gestört sein. Ich empfehle in diesem Fall zusätzlich zu Feng Shui Maßnahmen die Schwingungen von Bergkristall, Katzenauge, Tigereisen, Bernstein.

Oder du kommst beruflich einfach nicht weiter, kämpfst mit mobbenden Kollegen, findest nur schwer einen Job. In diesem Fall dürfte die Harmonie im N deiner Wohnung, der Karriere symbolisiert, gestört sein.Versuche es zum Ausgleich einmal mit den

Schwingungen von Chrysopras, Obsidian, Epidot

Vielleicht fehlt es dir an Zuwendung und Aufmerksamkeit deiner Mitmenschen. Du wirst garnicht als der, der du bist, wahrgenommen und musst eine Rolle spielen. In diesem Fall dürfte die Harmonie im NO deiner Wohnung, der Bildung / Selbstbildung symbolisiert, gestört sein. Ich empfehle in diesem Fall zusätzlich zu Feng Shui Maßnahmen die Schwingungen von Turmalin, Amethyst

Wenn es dir an Unabhängigkeit, Klarheit, Sorglosigkeit, Gesundheit und Wohlbefinden fehlt. Die Gedanken kreisen möglicherweise immer um ein und dasselbe Familiendrama. Verzweiflung macht sich breit, weil man keinen Ausweg mehr sieht, dann dürfte die Harmonie im O der Wohnung, der Gesundheit / Familie symbolisiert, gestört sein. Neben Feng Shui Maßnahmen empfehle ich in diesem Fall zum Ausgleich die Steine: Tigerauge, Labradorit, Fluorit, Onyx, Jaspis, Hämatit

Vielleicht fehlt es an befriedigender Kommunikation. Du gibst dich wohlmöglich nach außen hin anders, als du in Wirklichkeit bist, denkst und fühlst. Dadurch entsteht eine gestörte Kommunikation, auch Smal Talk genannt. In diesem Fall dürfte die Harmonie im SO der Wohnung, der Wohlstand und befriedigende Beziehungen symbolisiert, gestört sein. Versuche es einmal zusätzlich zu Feng Shui Maßnahmen mit den Steinen: Goldtopas, Pyrit, Jadeit, Gagat/Jet

Wenn es dir an Wertschätzung und Anerkennung deiner Person und Leistung fehlt, dann dürfte die Harmonie im S der Wohnung, der Ruhm und Anerkennung symbolisiert, gestört sein. Das gleiche gilt auch umgekehrt, wenn du ständig im Mittelpunkt des Interesses stehst und es dir lästig ist. Versuche neben Feng Shui Maßnahmen zum Ausgleich, die Schwingungen dieser Steine auf dich wirken zu lassen: Rubin, Citrin, Karneol

Vielleicht fehlt es dir an Seelenfrieden, weil du in einer schwierigen Beziehung lebst oder ungewollt Single bist. Dann dürfte die Harmonie im SW der Wohnung, der Liebe und Partnerschaft symbolisiert, gestört sein. Neben Feng Shui Maßnahmen wirken in diesem Fall die Steine: Mondstein, Rosenquarz, Jade hilfreich.

Oder es fehlt dir an Leichtigkeit, Spiel und Spaß im Leben. Lasten drücken auf den Schultern. Alles ist so ernst und schwer. In diesem Fall dürfte die Harmonie im W der Wohnung, der Kinder symbolisiert, gestört sein. Versuche es neben Feng Shui Maßnahmen zum Ausgleich mit den Schwingungen der Steine: Türkis, Aventurin, blauer Chalzedon

All diese Steine helfen mit ihren Hochfrequenzstrahlen im Feinstofflichen, wenn nötig ergänzend zu Feng Shui Maßnahmen, bei der Ausbalancierung von Körperschwingungen (Gefühlen) und unterstützen auf diese Weise die Regeneration von Körper und Geist. Näheres im Buch "Die Glücksfresser und das Feng Shui der Steine". Es gibt u. a. Hilfestellung für Gebrauch und Auswahl von Kristallen zum Selbstschutz und zur Erbauung.

Jahresprognosen, Ereignisse, Kommentare

16.1.2009 - Finanzkrise 2008

Es ist wieder eine große Umverteilung im Gange. Die Banker haben durch faule Kredite eine Menge bares Geld in Immobilien umgewandelt, die, da sie keinen Käufer finden im Wert gefallen sind. Soweit gefallen, dass die entsprechenden Banken zahlungsunfähig geworden sind. Da Banken im Wirtschaftsprozess jedoch den Geldfluss der Wirtschaft aufrecht erhalten, haben wir ein Problem.
Nun springt der Staat ein, um das Geld wieder ins Fließen zu bringen. Der Staat, das sind wir alle, die Steuerzahler. Uns und / oder unseren Kindern wird es also weggenommen werden, damit die Wirtschaft überhaupt weiter funktionieren kann.
Sollte sie dadurch aber weiter funktionieren, dann ist abzusehen, dass auch die Immobilien wieder im Wert steigen werden. Die Banken können sie dann (und nicht vorher) gewinnbringend verkaufen und bekommen den eingesetzten Wert zurück. Wäre doch nur gerecht, wenn sie sich dann auch verpflichten würden, dies Geld wieder an

den Staat bzw. den Steuerzahler zurück zu geben. Was meint ihr? Ich hoffe bloß, die Regierung ist so klug, in diesem Sinne zu intervenieren.

Lieber wäre es mir jedoch, wenn die Banker, die diese Verluste verursacht haben, selbst mit ihrem Privatvermögen haften und nicht der Steuerzahler. Wieso steht das nicht zur Debatte?

Außerdem geht das ganze von den anglo-amerikanischen Bankern aus. Ein direkter Angriff auf die Weltwirtschaft, die nicht zuletzt auf diesem Umweg dazu gezwungen wird, für die horrenden Kriegsausgaben der USA mit aufzukommen.

Im Übrigen befinden wir uns in einem Weltkrieg, der auf den internationalen Finanzmärkten ausgetragen wird. Amerika gegen den Rest der Welt und insbesondere auch gegen die EU. Leider ist unsere Regierung nur ein Vasall Amerikas und nicht in der Lage das zu durchschauen.

26.2.2009 - Verkehrte Welt

Da hat nun eine Kassiererin von Kaisers einen Fehler gemacht und 1,30 Euro falsch verbucht und schon wird ihr der Prozess gemacht und sie verliert den Job. Aber wenn Banker Millionen und aber Millionen verwetten, verspielen und verspekulieren, dann ist das super. Sie dürfen dann auch noch via Politik das ganze Volk in Geiselhaft nehmen und sich selber als Belohnung dicke Boni zahlen. Wo leben wir eigentlich? Wenigsten hat Herr Thierse den Schneid und nennt dieses unverhältnismäßige 'in Grund und Boden stampfen' einer Kassiererin durch ihre Richter beim richtigen Namen, nämlich 'asozial'. Ich wünsche ihren Richtern für die Zukunft noch interessante Zeiten - oder anders ausgedrückt: möge sie und Kaisers der 'Teufel' holen.

Durch die Macht von 3 x 3 wirke der Zauber, damit es so sei!

Anmerkung 2018: Kaisers gibt es nicht mehr! Was aus ihren Richtern geworden ist, ist mir nicht bekannt.

16.1.2009 - Gemeinsame Werte für Europa

Es ist vollkommen richtig, Frau Bundeskanzlerin, wenn Sie Herrn Sarkozy anlässlich der französischen Ratspräsidentschaft das

Besinnen auf gemeinsame Werte für Europa vorschlagen. Das sollten aber die Werte der französischen Revolution sein: Freiheit, Gleichheit, Brüderlichkeit. Dadurch würde Europa ein Gegengewicht bilden zur gelenkten Demokratie Russlands, den Staatskapitalismus Chinas und den Hegemonialkapitalismus der USA. Außerdem würden diese Werte auch gleichzeitig so etwas wie ‚soziale Verantwortung' beinhalten und Selbstbedienungsmentalität und Überheblichkeit entgegenwirken.

Und behalten Sie die Stromkonzerne im Auge, Frau Bundeskanzlerin, sonst könnte Fortuna Ihnen und Europa entwischen.

16.1.2009 - Strom und die Folgen

Nachdem die vier großen Stromkonzerne Eon, RWE, Vattenfall und EnBW direkt bestimmen welche Strompreise in Deutschland gezahlt werden, bleibt wenig Spielraum für den Verbraucher, die Kosten zu senken. Angesichts eines Strompreises von über 50 Euro pro Mwh an der Leipziger Strombörse, wobei der durchschnittliche weltweite Preis nur bei 20 Euro pro Mwh liegt, werden hier und da Forderungen nach dem Eingreifen der Politik in den deutschen Strommarkt laut. Denn es steht zu befürchten, dass stromintensive Industrien wie Aluminium- und Kupferhütten, Stahlwerke, Chemieindustrie, Zementhersteller, Ziegeleien, Glas- und Porzellanindustrie etc. alle früher oder später Deutschland den Rücken kehren, wenn sich in Punkto Strompreisverbilligung nichts tut, und eine Menge Arbeitsplätze können verloren gehen.

Betrug 2007 der Durchschnittsstrompreis noch ca. 0,15 Euro pro kWh für den privaten Endverbraucher, sind es 2008 bereits 0,18 Euro pro kWh. Grund dafür ist zum großen Teil die gegen den Widerstand der Kartellbehörde getätigte Fusion von Eon und Ruhrgas zu Eon Ruhrgas, die nun bundesweit immerhin ca. 65 % der Haushalte beliefern, wobei die Kommunen mit ihren Stadtwerken als Abnehmer mit 25 Jahresverträgen geknebelt sind und nicht auf günstigere Lieferanten ausweichen können.

Es geht also nicht nur um die Abhängigkeit von fossilen Energieträgern, es geht auch um die Abhängigkeit von Großkonzernen, die uns drückt. Ökostrom ist zwar inzwischen populär, der Marktanteil von Ökostrom liegt aber immer noch nur bei

1 %, weil immer noch zu viele Kunden den Stromwechsel scheuen. Dabei ist Ökostrom inzwischen heute nicht wesentlich teurer als die Stromlieferung auf der Basis von fossilen Energieträgern. Und es ist zu erwarten, dass Ökostrom auf lange Sicht billiger wird als der Strom aus fossilen Energieträgern.

So zahlt ein Haushalt mit 3750 kWh Jahresverbrauch in Berlin bei Vattenfall für Ökostrom derzeit 778,05 Euro, bei Trianel Energie 777,43 Euro und bei Lichtblick 854,78 Euro im Jahr. Während bei Vattenfall im Tarif Berlin Klassik 770,93 und Berlin Basis schon 780,30 Euro für Normalstrom berechnet werden, sind es bei Trianel Energie 767,62 Euro im Jahr. Das sind Differenzen von derzeit nur rund 10 Euro weniger im Jahr für herkömmlichen Strom im Vergleich zu Ökostrom.

Wenn man jetzt noch die Tatsache berücksichtigt, dass sich Deutschland unabhängig von großen Öl- und Gaslieferanten machen sollte, um zum einen nicht in deren weltweite Machtspiele um Rohstoffvorkommen hineingezogen zu werden und zum anderen den eigenen Teil der Verantwortung für unseren Planeten zu übernehmen, ist Strom aus erneuerbaren Energien vorrangig zu berücksichtigen, sowohl von der Politik als auch von den Verbrauchern. Deshalb sollte einerseits die Werbetrommel für Ökostrom weiter und deutlicher geschlagen werden, und andererseits sollten die Versorgungsnetze zunehmend in staatliche Hand gebracht werden, um den Wettbewerb zu fördern und kleinere Stromerzeuger nicht von den großen abhängig zu machen.

16.1.2009 - Was passiert 2009?

2009 wird ein Jahr, das mehr Harmonie und Frieden in die internationalen Beziehungen bringen wird. Ein Jahr mit mehr Gelegenheit zur Erholung von den Turbulenzen, denen die Welt seit 2001 ausgesetzt war. Das Thema wird 2009 hauptsächlich der Schutz unseres Planeten sein. Im Mittelpunkt des Jahres wird Barak Obama stehen. Aber auch Al Gore wird wieder vermehrte Anstrengungen in seinem Kampf für den Umweltschutz und die Reduzierung von CO2 unternehmen. Neue Regierungen werden sich auch in anderen Ländern konsolidieren und das wird Verbesserungen für die Wirtschaft bringen. Der Finanzmarkt wird sich beruhigen und mehr

Stabilität bekommen. Im Frühling und Sommer geht es aufwärts mit der Börse, jedoch sind Anleger besonnener und vorsichtiger und der Anstieg der Kurse verläuft ruhiger und stetiger und langsamer als z.B. 2007, ohne kurzfristige Hochs und Tiefs. Den meisten Gewinn machen 2009 der Umweltschutz und die Bereiche Holzwirtschaft, pflanzliche Nahrungsmittel, Mode, Möbel, Publikationen. Sehr produktiv und aktiv wird auch die Unterhaltungsbranche, die Energieindustrie und der Finanzmarkt sein. Investiert wird in die High-Tech-Branche, Maschinenbau, Computer und Naturwissenschaften. Wegen starker Konkurrenz wird es schwieriger in der Architektur- und Baubranche, Immobilien, Hotel- und Reisebranche sowie Versicherungen. Branchen im Bereich Schifffahrt, Kommunikation, Getränkeherstellung und Wellness werden es schwer haben.

Es kommt auch wieder zu Naturkatastrophen. Besonders Erdbeben sind zu erwarten, ebenso Flugzeugunglücke, Hauseinstürze und Erdrutsche, Vulkanausbrüche sowie Brände und Explosionen.

Im Fokus stehen 2009 Krankheiten wie Fettsucht, Diabetes und Krebs, die weiter zunehmen, aber auch Herz- und Kreislaufprobleme, Verdauungsprobleme. Gefährdete Personen müssen mit Bewegung, gesunder Ernährung, Antioxidantien, Q10 und Omega3-Öl sowie genug Entspannung auf ihre Gesundheit achten. Ausführlicher siehe hierzu www.raymond-lo.com.

Tatsächliche Ereignisse u. a.: Barak Obama wird Präsident der USA, Amoklauf in Winnenden (BRD), Einsturz des Kölner Stadtarchivs, Erdbeben in den italienischen Abruzzen, Passagier-Flugzeugabstürze auf den Komoren, über dem Atlantik, im Iran.

22.3.2009 - Deutschland trauert heute in Winnenden

Die Gesellschaft trauert um ihre Kinder
- und dabei wird sie immer blinder
gegenüber eigener Schuld,
wegen mangelnder Geduld.

Der heimliche Lehrplan an den Schulen,

heißt Ellenbogen-Mentalität,
nun ist es zu spät.

Ein Junge hat's nicht ausgehalten,
gut angepasst
hat er alle gehasst
und um sich geschossen,
viel Blut ist geflossen.

Wie wäre es jetzt, den Lehrplan zu ändern
in das Lernziel: Solidarität!?
Solange das noch geht.
Damit können wir nur gewinnen, denn:
nicht wiederholen soll sich Winnenden.

Anmerkung:
Pädagogen appelieren an die Gesellschaft: Die Kinder brauchen Zeit
zum Träumen. - Es gibt Ungereimtheiten zum Thema Amoklauf.

27.9.2009 - Shakti Morgane's Prophezeihung für den Wahlsonntag

CDU/CSU
Ereignis: In Kürze wird Ihnen jemand eine große Freude machen,
denn Sie haben ihm einmal etwas sehr Wertvolles gegeben: Mut.
Der Rat: Achten Sie jetzt darauf, was gesprochen wird. Auch darauf,
was Sie selber sagen. Lassen Sie sich nicht provozieren. Bleiben Sie
gelassen und unangreifbar durch Ihre Freundlichkeit.
FDP
Ereignis: Sie stehen vor einer weitreichenden Entscheidung, bei der
es auch darum geht, große Verantwortung zu übernehmen. Wenn Sie
auch nur den geringsten Zweifel haben, den Anforderungen gerecht
werden zu können, müssen Sie ablehnen!
Der Rat: Gerade zu Zeiten, da Sie zu neuen Ufern aufbrechen,
brauchen Sie eine starke soziale Bindung zu einer psychischen
Rückendeckung. Dann kann und sollte Sie jedoch nichts mehr
aufhalten.
SPD

Ereignis: Jetzt ist Ihre Stunde gekommen. Sie werden den Erfolg in einem Ausmaß anziehen, wie Sie es nicht zu hoffen wagten. Ihre starke emotionale Bindung an die betreffende Angelegenheit wirkt nun wie ein Magnet, der die Dinge zu sich heranzieht, sobald Sie in eine bestimmte Nähe gekommen sind.

Der Rat: Sie sind es, der den ersten Schritt tun muss. Je klarer es ist, dass Sie nun handeln, desto mehr kommt man Ihnen entgegen.

Die Linke

Ereignis: Sie haben exakt und gründlich nach dem Selbstverschuldungsprinzip gearbeitet und dadurch Ihre Bequemlichkeit überlistet: Ihr Unterbewusstsein weiß schon lange von einem Neubeginn und weiß auch, dass Sie jetzt den Strohhalm loslassen, weil Sie endlich den Ast über sich entdeckt haben.

Der Rat: Wie hat es angefangen aufzuhören? Wenn Sie sich diese Frage beantworten können, haben Sie die Lösung für Ihr Problem.

Bd. 90/Die Grünen

Ereignis: Jemand wird sich Ihnen in den Weg stellen, und Sie werden mit Leichtigkeit herausfinden, wer es ist: schwimmen Sie mit dem Strom. Wer Ihnen nicht nachkommt, der kommt Ihnen entgegen.

Der Rat: Dienen Sie einer Sache, die später Ihnen dienlich sein soll – und auch nur dann dienlich sein kann.

Shakti Morgane 28. September 2009 um 13:29:

Nun wissen wir wie es ausgegangen ist. Ich bin mit meinem Orakel, was die SPD betrifft, voll daneben gelandet. (Na ja, ich übe noch!)

Oder aber, es ist einfach anders zu verstehen gewesen. Z.B. so: Sobald Sie in eine bestimmte Nähe gekommen sind (in die Nähe der LINKEN nämlich) werden Sie den Erfolg in einem Ausmaß anziehen, wie Sie es nicht zu hoffen wagten.

Der Rat: Sie sind es, der den ersten Schritt tun muss!!!!!!!!

Da die SPD das Zusammengehen mit der Linken schon vor der Wahl ausgeschlossen hatte, war es nichts mit dem Erfolg. Die SPD Wähler waren 'sauer' und sind zuhause geblieben.

20.12.2009 - 2010 – Der Tiger lässt grüßen

Das Jahr 2010 wird nicht sehr friedlich. Auseinandersetzungen und Konflikte beherrschen das Jahr, da Yang Metall auf Yang Holz sitzt. Besonders militärische Auseinandersetzungen nehmen wieder zu. Yang Metall symbolisiert darüber hinaus Führungskraft, Gerechtigkeitssinn und Loyalität. So kommen Yang-Metall-Charakere ihren Freunden gewöhnlich zu Hilfe. Das kann die Gefahr eines globalen Konflikts sogar vergrößern, da Länder militärische Allianzen schmieden werden. Da Yang Metall auch Waffen symbolisiert, kann jegliches unvorsichtige Vorgehen in Katastrophen enden. Deshalb ist es für alle Regierungen notwendig, in Zeiten von zu eskalieren drohenden Konflikten Vorsicht und Ruhe zu bewahren.

So wird 2010 die Sicherheit vor Atomkatastrophen und / oder -kriege zur Hauptaufgabe und Nuklearunfälle sind mehr als wahrscheinlich. Aktuell dürften Konfliktherde wie Nordkorea, die Taliban in Afghanistan und Pakistan, und die Diktatur im Iran die größte Bedrohung für den Weltfrieden darstellen, da diese Bedrohung neue Entwicklung in internationale Beziehungen in Hinsicht auf militärische Allianzen mit sich bringen könnte, welche die Wahrscheinlichkeit eines Atomkriegs vergrößern.

Aber auch Naturkatastrophen, die Feuer beeinhalten, wie Waldbrände und Vulkanausbrüche sind im Jahr 2010 sehr wahrscheinlich. 2010 wird ein sehr trockenes Jahr, mit Dürreperioden in vielen Gebieten der Erde und Luftverschlechterung durch Brände, so dass der 'Klimawandel' noch stärker spürbar wird.

Im Hinblick auf die Umwelt, die durch das Holzelement repräsentiert wird, ist das Yang Holz des Tigers kein starkes Holz, da es bedroht wird durch das Metallelement und weil das im Tiger versteckte Feuer, das Erde hervorbringt, es schwächen. So dürften Umweltkatastrophen weiter zunehmen. Der Konflikt zwischen Holz, Feuer und Metall beinhaltet die Verschlechterung der Luft und den Anstieg von Krankheiten, die die Lunge und die Haut betreffen. Aber auch die Leber (Holz), das Herz (Feuer) und der Blutkreislauf sowie das Immunsystem sind in Gefahr. So steigt die Gefahr von Hautkrebs, Nahrungsmittelvergiftungen, Durchfall, Bluthochdruck, Herzprobleme. Daher ist es für gefährdete Personen wichtig Omega 3 Öl, Q10 und Anti-Oxidantien zur Vorbeugung zu sich zu nehmen.

An Tagen, an denen die Zeichen Tiger, Schlange und Affe gemeinsam erscheinen, können ernsthafte Unglücksfälle, das Feuerelement betreffend, auftreten.

Menschen, die unter dem Zeichen des Affen oder der Schlange geboren wurden, müssen im Jahr 2010 sehr vorsichtig sein, es besteht die Gefahr von Verkehrsunfällen. Es ist günstig das Symbol des Schweins (yang Wasser) bei sich zu tragen, welches den Tiger verscheuchen hilft. Auf jeden Fall wird es für sie ein turbulentes Jahr mit Veränderungen, Reisen, Umzügen, Arbeitsplatzwechsel. Es ist sinnvoll sich diesen Umtrieben zu überlassen und sich nicht dagegen zu sperren. Jedoch sollen schnelle Autos, Rennsport, Fallschirmspringen als Sport oder Hobby gemieden werden. Ebenso soll es vermieden werden, in Nordöstlicher Richtung zu reisen, da dort die Feng Shui Beeinträchtigung: 'Großherzog Jupiter' sitzt, mit dem eine Konfrontation zu vermeiden ist.

Während 2008 und 2009 die Luftfahrtindustrie Unglücksfälle und Verluste hinnehmen musste, wird sich das in 2010 verbessern, da die Luftfahrtindustrie zum Feuerelement gehört, welches durch Holz (Tiger) hervorgebracht wird.

Feuer ist das Symbol für den Finanzmarkt und deshalb besteht ab dem Frühling die Chance, dass sich die Wirtschaft erholt und mehr Optimismus an den Börsen spürbar wird.

Für die Finanzbranche, die Energiebranche und die Unterhaltungsindustrie dürfte 2010 ein gewinnbringendes Jahr werden.

Produktiv sind die Branchen des Erdelements wie Immobilien, Hotel, Minen und Versicherungen. Auch Maschinenbau, Banken, High-Tech, Automobilindustrie sowie Schiffahrt, Verkehrswesen, Kommunikationswesen, Wellness werden gut zu tun haben, jedoch die High-Tech-Industrie ohne dabei großartig Gewinn zu erzielen.

Schlechter wird es hingegen bei den Branchen des Holzelements wie Forstwirtschaft, Möbel, Mode, Textilien, Papier, Medien, Zeitungen und Zeitschriften und den Umweltschutz.

Insgesamt wird sich die Wirtschaft erholen und es wird im Jahr 2010 Wachstum geben.

Zusammengefasst ist das Metall-Tiger-Jahr mit Metall auf Holz ein Symbol für Macht und Eroberung. Es wird internationale Konflikte ansteigen lassen und kein friedliches Jahr werden. So dass viel

Geduld und Umsicht von den Regierungen verlangt wird, um Kriege und Aufruhr abzuwenden. Die Gefahr besteht einerseits, dass die Nuklearwaffen außer Kontrolle geraten.

Aber die andere Seite des Yang Metall ist das Symbol des Helden, der für Gerechtigkeit, Loyalität und Hoffnung steht. Diese Qualitäten werden den Verantwortlichen dabei helfen, weise Entscheidungen zu treffen und Menschen in Gefahr zu unterstützen sowie beim Zusammenstehen gegen globale Katastrophen helfen, die die Umwelt oder die Verbreitung von Atomwaffen betreffen.

Gut geht es 2010 im allgemeinen den Menschen, die unter dem Zeichen des Schweins, des Pferdes und des Hundes geboren sind. Jedoch ist für eine genauere Analyse das Hinzuziehen der 'Vier-Säulen-des-Schicksals' nötig.

Für Menschen, die im Jahr des Hasen geboren sind, wird das Tiger Jahr Romantik bringen. Menschen, die im Jahr der Ratte, des Affen und Drachen geboren sind erleben Veränderungen und Mobilitäten.

Barak Obama ist eine yang Erde Person. Im Jahr des Tigers besteht für ihn die Chance alle seine Qualitäten zu entfalten und so wird es ein Jahr des Erfolgs für ihn werden.

Betreffend Feng Shui, symbolisiert die 8 im Zentrum das Erdelement und das wird 2010 Probleme mit Erdbeben und Unglücksfällen, die Kinder vermehrt betreffen, hervorbringen.

Die '5 Gelb' erreicht den SW, ein Metallwindspiel kann Abhilfe verschaffen. Am gefährlichsten wird es im Mai, August. Der Krankeitsstern fliegt in den NO, ein rotes Band mit 6 Metallmünzen kann helfen. Im NO keine Renovierungen vornehmen und nicht in diese Richtung reisen. Dem Norden nicht den Rücken zuwenden, weil dort die 'Drei Tode' angekommen sind. Im Süden ist der 'Stern 3' für Diebstahl und Raub verantwortlich. Ein Stück rotes Papier im Süden minimiert diesen Einfluss. Im SO ist 'Stern 7' für Skandale verantwortlich, drei Bambuspflanzen in Glasvasen können Abhilfe verschaffen.

Soweit www.raymond-lo.com in seiner Prognose für 2010.

Tatsächliche Ereignisse u.a.: Erdbeben in Haiti, China und Chile, Brände in Russland, Hochwasser in Pakistan und Ostdeutschland,

Ölkatastrophe im Golf von Mexiko, Massenpanik auf der Loveparade in Duisburg, Flugzeugabsturz bei Smolensk, 2 weitere Passagier-Flugzeugunglücke, Vulkanausbruch auf Island, Christian Wulff wird Bundespräsident in Deutschland, Griechenland steht vor dem Staatsbankrott.

18.12.2010 - Wutbürger - ein neues Wort?

Niemand redet so - außer Nachrichtensprecher!
Aber wir wissen ja:
Deutschland schafft sich ab – durch den Euro-Rettungsschirm! Der deutsche Steuerzahler darf nun auch griechische, irische, spanische, portugiesische etc. Pleiten-Banker retten. Es wird, wenn es so weitergeht, zappenduster in Germany. Die Bürger hierzulande sind natürlich wütend, dass sich ihr Geld in Luft auflöst. Aber wer ist schuld daran, dass es so ist wie es ist? Ein deutscher Banker meint: Araber und Türken. Und welch Ironie, er verdient Millionen mit dieser Lüge. (Schaut mal hier:
https://www.deutschlandfunkkultur.de/zu-gaenzlich-anderen-ergebnissen-gekommen.954.de.html?dram:article_id=145930)
Derart hirngewaschen ist das Volk, dass das Feindbild Islam seit dem berühmten 11. September vom eigentlichen Gegner ablenkt.

Ich bin dafür, die DM wieder einzuführen und, wie gehabt, im europäischen Kontinent zum freien Floaten der Währungen überzugehen. Dann wird es auch wieder was mit der Sozialpartnerschaft und wir können endlich wieder die Kirche im Dorf lassen, wo sie auch hingehört.

3.9.2010 - Schmierenkomödie

Es begab sich in Deutschland anno 2010

Bundeskanzlerin Merkel ans Volk: Wir finden Ausländer toll!
Bundesbanker Sarrazin ergänzt: Im Ausland!
Merkel zu Sarrazin: Du solltest das doch nicht verraten!
Schweigende Mehrheit: Sarrazin, wir finden dich toll!
Merkel zu Putin: Was macht man mit Leuten, die nicht spuren?

Putin: Rausschmeißen!
Merkel zu Wulff: Schmeiß Sarrazin raus aus der Bundesbank!
Özdemir an seine Landsleute: Keine Angst, niemand will, dass ihr euch anpasst!
3 Monate später - Merkel nun Klartext ans Volk: Ja, liebe Türken, Transferleistungen werden gestrichen. Bedankt euch dafür bei Erdoğan.

Moral von der Geschichte: Politik wird auf den Finanzmärkten entschieden.

Anmerkung der Autorin: Personen sind nicht erfunden, entstehende Ähnlichkeiten bei der Handlung aber rein zufällig.

26.11.2010 - Noch ein Spruch

„Daß etwas neu ist und daher gesagt werden sollte, merkt man erst, wenn man auf scharfen Widerspruch stößt."
Konrad Lorenz

26.11.2010 - Narziss – der neue (alte) Sozialisationstyp

Erfurt und Emsdetten: Die mundtot gemachten Ausgegrenzten (Weggemobbten) laufen Ammok und erinnern uns daran, dass uns, wenn wir im Zeitalter kommunikationsverweigernder Informationsflut im Großstadtdschungel auf der Jagd sind, der Tod umschleicht.

31.12.2010 - Das Jahr des Hasen (der Katze) 2011

In diesem Jahr sitzt Metall auf Holz, wie schon 2010. Laut Raymond Lo, renomierter Feng Shui Meister, wird 2011 genauso wenig friedlich wie 2010, diesmal sind es jedoch weniger drohende Atomdeals, -katastrophen und -kriege, sondern terroristische Anschläge, heimtückische Meuchelmorde, Verrat und Geheimdiplomatie. An einem Hase-Tag brach die Schlacht von

Austerlitz ebenso wie der Krieg zwischen Nord- und Südkorea aus.
Es wird für die Jugend ein dynamisches Jahr mit viel Bewegung aber auch der wachsende Einfluss junger Menschen auf Politik und Gesellschaft steht bevor. Ein Jahr, gut für die Unterhaltungsindustrie mit Sexskandalen und Affairen in der High-Society. Es boomt auch die Esoterik-Branche, Kommunikationsindustrie und Computer-industrie.
Weiter voran schreitet die Umweltzerstörung. Waldbrände und Luftverschmutzung führen zu Atemwegserkrankungen. Ähnliche Katastrophen wie 2010 der Vulkanausbruch in Island und das Bohrinsel-Desaster im Golf von Mexiko sind auch 2011 zu erwarten.
In den Monaten Juli, September und Oktober ist die Luftfahrtindustrie besonders gefährdet, was zu Flugzeugabstürzen führen kann.
Gefährlich wird es für die im Jahr des Hahns geborenen Menschen. Sie sollten als Talisman das Abbild eines Hundes bei sich tragen, um den Hasen 2011 abzuwehren. Für sie wird es ein aufregendes Jahr 2011 mit Veränderungen geben.
Auch die im Jahr der Ratte geborenen Personen sollten Vorsicht walten lassen und das Bild eines Hundes als Talisman bei sich tragen. Für sie wird es andernfalls Verunsicherungen, Ärger, Irritationen, versteckte Krankheiten, Stress geben.
Jedoch auch die im Jahre des Hasen geborenen Menschen sollten das Abbild eines Hundes als Talisman bei sich haben, da sie durch die Feng Shui Beeinträchtigung 'Großherzog Jupiter' direkt betroffen sind.
Menschen, die im Jahr des Hundes, des Schweins, der Ziege geboren sind, werden ein harmonisches Jahr erleben.
Menschen, geboren im Zeichen des Tigers, des Pferdes, des Hundes und der Ratte können im Jahr des Hasen Romanzen erleben.
Schlange- und Hahn-Menschen haben es mit Veränderungen, Aktivitäten, Unruhe zutun.

Was Krankheiten betrifft, sind im Jahr des Hasen die Haut, die Knochen, die Lunge, der Rücken und der Bewegungsapparat besonders gefährdet. Es drohen Krankheiten wie Parkinson. Aber auch Leber-, Herz- und Kreislauferkrankungen gilt es abzuwehren. Auch Allergien und Grippe können vermehrt auftreten.

2011 wird ein trockenes Jahr und Dürre breitet sich in den warmen Erdteilen weiter aus.

Die Finanzmärkte werden die meiste Zeit des Jahres gemäßigt prosperieren mit einem Rückschlag ab August und Oktober. Das Metall-Element ist ein Symbol für Gewinne in der Finanzindustrie, Energieindustrie und Unterhaltungsbranche. Umsätze gibt es auch in der vom Erdelement beeinflussten Industrie wie Immobilien, Minen, Hotel und Versicherungen.

Schifffahrt, Getränke, Kommunikationsbranche werden ebenfalls profitieren. Die vom Metallelement beeinflussten Branchen (Banken, Maschinen, High-Tech, Autos) kämpfen mit Konkurrenz.

Nur die vom Holzelement beherrschten Branchen (Zeitungsbranche, Forstwirtschaft, Mode, Bücher, Medien, Umweltschutz) haben 2011 keine Glück.

Was Feng Shui betrifft, so zieht 'die Fünf Gelb' in den Osten. Besondere Vorsicht ist im März, Juni und Dezember geboten. Ein Windspiel aus Metall kann Abhilfe schaffen. Der Krankheitsstern Nr. 2 fliegt in den Süden. Sechs Münzen mit einem roten Band verknüpft, können helfen. Die Beeinträchtigung 'Großherzog Jupiter' ist im Osten. Dort sollen keine Renovierungen stattfinden und in diese Richtung soll man möglichst nicht direkt blicken. Die 'drei Tode' fliegen in den Westen. Ihnen soll man nicht den Rücken zukehren. Stern Nr. 3 symbolisiert Diebstahl und Raub, er sitzt im Norden. Dort ein Stück metallisch glänzendes rotes Papier anbringen, um den Stern abzuwehren. Ins Zentrum fliegt Stern Nr. 7, er repräsentiert Gewalt und Skandale. 3 Bambuspflanzen in einem klaren Glas Wasser, können die Gefahr eindämmen.

Soweit der Ausblick auf 2011 nach Raymond Lo. Aber das chinesische Neujahr beginnt erst am 4. Feb. 2011. Solange haben wir Zeit uns darauf vorzubereiten.

Tatsächliche Ereignisse u.a.: Terroranschlag in Norwegen, Erdbeben in Japan nahe Honshu löst Tsunami und Reaktor-GAU in Fukushima (Japan) aus, Terroranschlag in Moskau, Flugzeugabsturz in Iran, Satellit der NASA stürzt in den Pazifik, Staatschef al Gaddafi wird getötet, Amoklauf in Lüttich (Belgien).

16.3.2011 - Frauen in der Postmoderne

Was bleibt ist erneut die Traurigkeit über geraubtes Leben. Heute in Japan: 40 Mill. Menschen auf der Flucht. Wann werden wir endlich verstehen? Wann hat diese Todeskultur endlich ein Ende. 20 Jahre nach Tschernobyl hat man nichts gelernt? Wann werden wir zurückkehren zum Ursprung? Zurück zur Wertschätzung des Lebens, der Natur und des Weiblichen!
Wann werden wir in Zusammehängen denken? Wann werden wir verantwortungsbewusst? Wann werden wir die Entwicklung unserer Persönlichkeit zum obersten Ziel in unserem Leben machen? Ausführliche Gedanken zur Persönlichkeitsentwicklung habe ich in dem Buch: „Die Glücksfresser und das Feng Shui der Steine" zusammengestellt.

5. 1. 2012 - Das Jahr des Drachen 2012

Was erwartet uns 2012? Hier gebe ich zusammenfassend die Einschätzung von Raymond Lo, Feng Shui Meister aus Hong-Kong, wieder. Das Jahr des Drachen beginnt am 4.2.2012. Dann ändern sich wieder die Schwingungen im Feinstofflichen. Diesmal sitzt Wasser auf Erde. Das sind zwei starke Elemente des kontrollierenden Kreislaufs. Erde kontrolliert Wasser. Wie schon im Jahr 2011, in welchem Metall Holz kontrollierte, deutet das auf erhebliche Konflikte. So fand 2011 die Tsunami Katastrophe in Japan statt mit den verheerenden Folgen für das Land und den Planeten Erde. Da Metall auf Holz auch mit Gewalt assoziiert wird, gab es soziale Unruhen in England und Umstürze der Regierung in vielen Ländern in Afrika und dem Nahen Osten.
Das Erdelement hingegen wird nicht mit Gewalt in Verbindung gebracht, so deutet der Erde-Wasser-Konflikt eher auf Naturkatastrophen hin wie: Erdbeben, Überschwemmungen, einstürzende Häuser, Minenunglücke, Erdrutsche und im Bereich der Nahrung auf Skandale wie z.B. verdorbene und kontaminierte Lebensmittel und daraus resultierende Vergiftungen der Menschen.
Yang Wasser als Symbol für den Ozean lässt ebenfalls wieder Tsunamis befürchten, es kann aber auch als Auslöser für soziale, politische und ökonomische Veränderungen stehen, denn es ist

ebenfalls das Symbol für Intelligenz, Mut, Großzügigkeit und Freigiebigkeit. Wenn diese Energie in die richtige Richtung gelenkt wird, kann sie Fortschritt und Reformen weiterbringen.

Wasser und Erde bringen zusammen die Umwelt hervor und deshalb kann es ein gutes Jahr für den Umweltschutz werden.
Auf die Gesundheit bezogen ist Wasser das Symbol für die Nieren und Erde das Symbol für den Bauch, die Muskeln und Zellen. Es ist vermehrt mit dem Anstieg von Krebs, Nierenproblemen, Bluthochdruck, Herzproblemen, Virusinfektionen bis hin zu Epidemien, Nahrungsmittelvergiftungen zu rechnen.

Gefährdete Personen sollten zur Vorbeugung Ausdauersport betreiben, Stress meiden und Antioxidantien zu sich nehmen.
Raimond Lo bestreitet, dass, wie Mckenna behauptet, ein Weltuntergang 2012 ebenfalls im I Ging vorausgesagt wird. So mögen aufgeregte Gemüter beruhigt sein, denn der 21.12.2012 ist zwar ein Tag mit außergewöhnlich starker Präsenz des Wasserelements, das aber durch eine ebenso starke Anwesenheit von Erde, unterstützt durch Feuer, in Schach gehalten wird. So wäre es nicht überraschend, wenn an diesem Tag die Erde bebt und Überschwemmungen auftreten, was aber keinesfalls das Ende der Welt bedeutet.

Was die Wirtschaft betrifft, so ist leider das Feuerelement im Verlauf des Jahres weitgehend abwesend, welches jedoch das treibende Element für die Börse ist. Deshalb kann 2012 ein Jahr werden, indem der Finanzmarkt weiter in die Krise rutscht. Die ökonomische Krise in Europa wird sich auf die weltweite Ökonomie und die Börse auswirken. Eine gefährlich Zeit für Investoren wird besonders die zweite Hälfte von 2012.
Prosperieren dürften die vom Holzelement inspirierten Branchen wie Textilindustrie, Möbel, Papierindustrie, Buchhandel, Verlagswesen, Medien, Umweltschutz, Nahrung- und Konsumgüterindustrie. Gewinnbringend aber auch wettbewerbsintensiv dürfte das Jahr für die Branchen der Vermögensverwaltungen, Immobilien, Minen, Versicherungen werden.
Die vom Wasserelement inspirierten Industrien wie Schiffahrt,

Getränkeindustrie, Transport und Verkehrswesen, Kommunikationsbranche, Wellness dürften schwerer zu kämpfen haben als letztes Jahr. Viel Aktivität gibt es in den vom Metallelement bestimmten Branchen wie Metallindustrie, Bankwesen, High-Tech, Computer, Maschinenbau, jedoch ohne besonders provitabel zu sein.
Da die Luftfahrt vom Feuerelement abhängt und dieses weitgehend abwesend ist, besteht vermehrt die Gefahr von Flugzeugunglücken und wirtschaftlichem Rückgang in dieser Branche.
2012 stehen Wahlen in den USA, in Russland, Taiwan, Frankreich, Indien und Hong Kong an.

Menschen, die unter dem chinesischen Zeichen des Hundes oder Tigers geboren sind müssen sich auf ein turbulentes Jahr gefasst machen. Reisen, Umzüge, Veränderungen im Job und in Beziehungen stehen bevor. Sie sollten einen Hahn als Glückssymbol bei sich tragen. Sie sollten nicht in Richtung Südost reisen. Auch Menschen, die im Zeichen des Drachen geboren sind, sollten das Glückssymbol des Hahns bei sich tragen, denn die Konfrontation mit dem 'Großherzog Jupiter' (Feng Shui Beeinträchtigung) führt zu Irritationen, Ärger, Frustrationen und Krankheit.
Menschen, die im Jahr des Affen, der Ratte und des Hahns geboren sind erleben ein Jahr voller Harmonie. Jedoch sollte, um genau zu sein, das komplette 'Vier-Säulen-Diagramm' ausgewertet werden, da die für dieses Jahr gefährdeten Tierkreiszeichen auch im Tag, dem Monat oder der Stunde der Geburt auftreten können.
Menschen, die im Jahr des Hahns geboren sind, können dieses Jahr Romanzen erleben.

Was die 'Fliegenden Sterne' betrifft, so fliegt die '5 Gelb' in den Südosten. Ein Windspiel aus Metall hält die negative Energie in Schach. Gefährlich sind die Monate April, Oktober, Dezember und Januar 2013. Stern Nr. 2, Krankheit symbolisierend, fliegt in den Norden. 6 Münzen an einem roten Band sollten im Norden angebracht werden.
Man sollte dem Süden nicht den Rücken kehren, denn dort sind dieses Jahr die 'drei Tode' eingezogen. Man sollte im Südosten keine Renovierungen vornehmen und keinen Lärm machen, den Südosten sollte man nicht direkt anblicken, denn dort befindet sich der

Großherzog.
Der Stern Nr. 3 ist der Feindseligkeitsstern. Er ist dieses Jahr im Südwesten. Er bringt Streit und Raub. Um den Einfluss zu minimieren kann man etwas Rotes und Metallisches dort anbringen. Stern Nr. 7, der Skandale und Gewalt repräsentiert, befindet sich im Nordwesten. Dort sollte man 3 Bambuspflanzen im Wasserglas hinstellen.

Tatsächliche Ereignisse u.a.: Kältewelle in Europa kostet 600 Obdachlose das Leben, Flugzeugabsturz über Lagos (Nigeria), Joachim Gauck wird Bundespräsident in Deutschland, Ausbruch der Cholera in Sierra Leone (Afrika), 100.000 Menschen fliehen aus Syrien wegen des Bürgerkriegs, Boko Haram überfällt Christen in Nigeria, Überflutungen in Abuja (Nigeria).

27. 5.2012 - Organspende

Offener Brief an die Krankenkasse!

Sehr geehrte Krankenkasse, Sie fragen mich:

Wollen Sie nach Ihrem Tod ein Organ spenden?
Damit ich das richtig verstehe: Sie fragen mich allen Ernstes, ob ich will, dass jemand auf dieser Welt ein starkes Interesse daran hat und nur darauf wartet, dass ich sterbe und mit allen Fasern seines Herzens meinen Tod herbei sehnt?

Antwort: Natürlich nicht!!!! Warum sollte ich so etwas Idiotisches wollen???

Wenn ich es verhindern kann, werde ich meinem Tod ebenso wie dem Tod von jemand anderem nicht ins Handwerk pfuschen lassen. Von niemandem.
Mein Tod gehört mir! Er allein bestimmt wann ich sterbe und niemand sonst.
Ich bin ein Mensch und kein Ersatzteillager.

Wie jeder Magier weiß, sind wir auf Seelenebene alle miteinander verbunden. Sonst würde Magie gar nicht funktionieren. Warum sollte ich mich freiwillig auf eine feinstoffliche Abschussliste setzen lassen. Der innige Wunsch eines Todkranken bewirkt dann wohlmöglich, dass ich als Organspender mit meiner Honda gegen den nächsten Baum fahre. - Nein danke.

Wenn unsere Zeit gekommen ist, dann kann ich uns allen nur raten, dem Tod ins Gesicht zu sehen und mit ihm zu gehen. Er dient dem Leben. Es hat einen tieferen Sinn, wenn er uns holt. Wir könnten jeder für sich einmal überlegen, wenn es soweit ist, warum es nun Zeit ist zu gehen. Die Antwort auf diese Frage wird eine seelische und somit auch körperliche Entwicklung in Gang setzen.

Fazit: Ich selbst möchte kein fremdes Organ haben und ich werde für jemand anderen auch kein eigenes Organ spenden.

Mit freundlichen Grüßen

(Jeder darf diesen Text unverändert und einschließlich dieses Zusatzes kopieren und für seine Zwecke benutzen!)

Organspende ist Mord! 60 % der sogenannten Hirntoten könnten vollständig reanimiert werden.

P.S. Darüber hinaus, scheint die Seele sich nicht vollständig lösen zu können und somit an der Wiedergeburt gehindert zu werden, wenn Teile des ehemaligen Körpers in irgend einer Form weiter existieren. (Deshalb ist die Leichenausstellung dieses geldgierigen Plastinators in Berlin auch so verwerflich. Sie verhindert, dass die Seelen der Verstorbenen ins Licht gehen können.)

29. 12. 2012 - 2013 Jahr der Schlange

Das Schlangenjahr 2013 beginnt am 4. Februar 2013. Zusammenfassend gibt Feng Shui Meister Raymond Lo folgende Analyse:

Yin-Wasser sitzt auf Yin-Feuer. Revolutionen und Veränderung stehen im Mai bevor. Es könnte aber sein, dass die Konflikte sich nicht so stark auswirken wie in den Schlangenjahren 1941, 1989 und 2001. So

besteht vielleicht keine Weltkriegsgefahr, aber unterschwellig sind Dinge wie Bombenanschläge, Explosionen, Aufstände, Attentate und nukleare Bedrohung durchaus möglich. 1953 brachte das yin-Wasser teilweise Frieden aber gleichzeitig mit hintergründigen Spannungen belastet.
Andererseits bringt das Schlangenjahr Romanzen. Außerdem bringt es Bewegung in die Film-, Restaurant- und Unterhaltungsbranche. Reisende müssen mit Unfällen bei Flugzeugen und Schiffen ebenso wie bei der Bahn rechnen.

2013 wird Mr. Xi Jin Ping als neuer Herrscher von China ernannt. Er ist 1953 (ein Schlangenjahr) geboren und eine yin Wasster (day) Person. Deshalb wird China 2013 im Mittelpunkt des Weltgeschehens stehen.
Die Entwicklung der Nuklearwaffen in Iran und Nordkorea werden ebenfalls im Fokus stehen. Im Februar und im August wird es besonders gefährlich, das sind die Monate von Tiger (August) und Affe (Februar). Zusammen mit dem Schlangenjahr ergibt das in diesen Monaten eine gefährliche Konstellation von Feuer-Übergewicht. Außerdem wird die Atomkriegsgefahr das Jahr beherrschen.

Auf die Gesundheit bezogen, bedeutet die Konstellation im August und Februar eine Gefahr für Entzündungen, Schlaganfall, Herzinfarkt und Augenerkrankungen, ebenso Nieren- und Blasenerkrankungen. Auch die Gefahr von Seuchen und Epidemien ist groß.
Yin Feuer ist das Symbol für Beleuchtung und Elektrizität. Es besteht die Gefahr, das durch Sonnenstürme die Elektrik und Elektronik auf der Erde unterbrochen wird. Auch Hurrikane und Tornados sind mehr als wahrscheinlich.

Wir erwarten wirtschaftliche Erholung, da das Feuerelement die treibende Kraft (Optimismus) für die Börse ist, besonders im Frühling und Sommer. Wachstum in der Erd- (Immobilien, Hotels, Bergbau und Versicherungen) und Metallbranche (Hi Tech, Banken, Maschinen, Autos und Ingenieure) wird erwartet. Produktivität gibt es in den mit dem Holzelement verbundenen Branchen (Textilien, Bücher, Umwelt). Auch die mit dem Wasserelement verbundenen

Branchen profitieren von der Feuerschlange (Schifffahrt und Verkehr, Getränke, Wellness, Kommunikation). In der Film-, Restaurant-, Finanz-, und Unterhaltungsbranche wird es viele Wettbewerber geben.
Fazit: am besten geht es 2013 der Erd-, Metall- und Wasserbranche. Die Holzbranche macht so weiter wie bisher. Die Feuerelement-Branche (Energie, Finanzen und Unterhaltung) erlebt viel Hektik ohne große Gewinne.
Eine ausführliche Analyse erhält man auf der Webseite von Raymond Lo: http://www.raymond-lo.com/

Tatsächliche Ereignisse u.a.: Atomtest in Nordkorea, Papst Franziskus wird gewählt, Attentat auf den Boston-Maraton, in Deutschland wird eine Große Koalition gewählt, ein Supertaifun wütet auf den Philippinen, Schiffsunglück vor Lampedusa.

28. 8. 2013 - Wahlorakel

Die Linke macht Winke-Winke,
denn es trifft zu,
was glaubst denn Du,
sie gewinnen dazu.

Die Grünen wären gern Hünen
doch sie müssen dienen
denn es wird knapp
sie geben Stimmen ab

Die SPD wäre gern Kanzler
gibt sich viel Müh
und mit Harmonie
kommt auch die Ruh,
sie gewinnen dazu

Die FDP, oh jemine
verlieren die Macht
und nicht zu knapp
geben sie Stimmen ab

Die AFD, autsch das tut weh,
der Gegensatz zur Euphorie
kratzt an ihrer Würde
zu hoch ist noch die Hürde

Piratenpartei gewinnt dazu
und sitzt im Nu
im Parlament.
Was für ein Trend.

Der Gewinner der Wahl
sagt das Orakel,
ist wieder einmal Kanzlerin Merkel
Oh welche Qual!
Mir ist's nicht egal
wie es steht mit dieser Wahl
nach dem Orakel,
da wär's mir ganz recht
es hätte nicht Recht.

Du weißt nicht, wen Du wählen sollst? Frage den Wahl-o-mat!
Und was glaubst Du wer gewinnt?
Sag mir Deine Meinung.

Wahlergebnis:
Zur Erinnerung **2009**: Die Linke 12%, Die Grünen 10%, SPD 23%,
FDP 14%, CDU/CSU 33%, Piratenpartei 2 %
Ergebnis **2013**: Die Linke 8,6%, Die Grünen 8,4%, SPD 25,7%, FDP
4,8%, CDU/CSU 41,5%, Piratenpartei 2,2%, AfD 4,7%
Auswertung Wahlorakel:
Die Linke hat zwar nicht dazu gewonnen, dafür ist sie aber dritte
Kraft im Parlament geworden, was man auch als einen Dazugewinn
interpretieren kann.
Die Grünen müssen dienen: Stimmt!!!
Die SPD gewinnt dazu: Stimmt!!
Die FDP verliert die Macht: Stimmt!!

Die AfD schafft die Hürde nicht: Stimmt!!
Die Piraten sitzen im Parlament: Stimmt nicht! Hier hat das
Wahlorakel nicht recht behalten.
Die CDU/CSU ist der Gewinner der Wahl: Stimmt!!
Die Kanzlerin heißt wieder Merkel: Stimmt!!
Fazit: Ein gutes Wahlorakel! (einen Fehler muss man tolerieren!)

12. 11. 2013 - Obama-Mania

Bevor wir uns von sunnyboy Obama vollends blenden lassen, will ich
euch die fünf wichtigsten Einsichten aus der europäischen Geschichte
des Volkswiderstands aus der 2. Hälfte des letzten Jahrhunderts
wieder ins Gedächtnis rufen. Denn das sind die wahren Aufgaben zur
Schaffung von Harmonie auf unserem Planeten und die wirklichen
Herausforderungen für das 21. Jahrhundert.

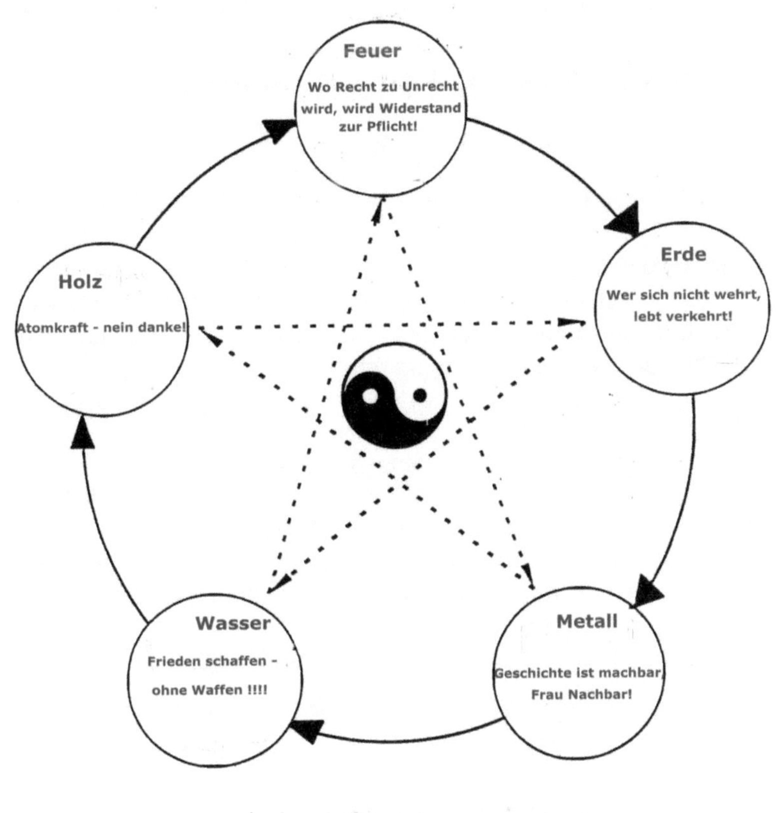

Stattdessen wollen Konzerne die Weltherrschaft übernehmen und nennen das dann Freihandelsabkommen. Außerdem tun Politiker so, als sei es nicht mehr zeitgemäß den Frieden an oberste Stelle zu setzen. Deshalb hat in einer von Gier geprägten Geld- u. Machtelite Amerikas das Leben selbst keinen Wert. Jüngstes Beispiel: Ukraine. (siehe: Die Eroberung Europas durch die USA, Wolfgang Bittner)

Das Jahr im Wandel der Jahressterne

1. 1. 2014 - Jahr des Pferdes 2014

Am 4. Februar 2014 beginnt das Jahr des Pferdes. Die Energiekreisläufe im Haus / Wohnung ändern sich mit den neuen Jahressternen. Schlechte Energien sollten lokalisiert und eingedämmt werden. Wie macht man das? Suche Dir die Mitte Deines Hauses / Wohnung, indem Du zwei Diagonalen auf den Grundriss legst und die Überschneidungen als Mittelpunkt wählst. Stell Dich mit einem Kompass in der Hand in die Mitte Deines Hauses / Wohnung und bestimme nun die 8 Himmelsrichtungen.
Dann ergreife Maßnahmen gegen die ungünstigen Sterneinflüsse. Dazu gehört im **Südosten** Stern Nr. 3, der mit Streitigkeiten, Gerichtsprozessen und Zerstörung in Verbindung gebracht wird. Außerdem ist der Südosten die Himmelsrichtung der ältesten Tochter und der Tierkreiszeichen Schlange und Drache. Die älteste Tochter, Frauen zwischen 30 und 45 J. und die unter den beiden Zeichen Schlange und Drache Geborenen sind von den Auswirkungen des Sterns Nr. 3 besonders betroffen. Sollte die Haupteingangstür / Wohnungstür im SO liegen, muss man ebenfalls aufpassen.
Da Stern Nr. 3 zum Holzelement gehört, kann mit Attributen des Feuerelements als Gegenmaßnahme gearbeitet werden. Also z.B. rote Ascessoires einbringen.

Im **Osten** findet sich der Krankheits-Stern Nr. 2 ein. Der Osten wird auch dem ältesten Sohn zugeordnet ebenso wie dem Tierkreiszeichen Hase. Männer zwischen 30 und 45 J. dürften Probleme mit Krankheiten bzw. Schmerzen in Gelenken und Gliedmaßen bekommen ebenso wie die Angehörigen des Tierkreiszeichens Hase. Sollte der monatliche Stern Nr. 3 hinzukommen gibt es außerdem Probleme mit der Familie und auf der Arbeit. Sollte die Haupteingangstür / Wohnungstür in diesem Bereich liegen, muss man ebenfalls besonders vorsichtig sein.
Stern Nr. 2 gehört zum Erdelement und der Osten zum Holzelement. Holz durchwurzelt Erde und dieser Konflikt erhöht die Gefahr von Krankheit. Als harmonisierendes Element sollte Metall eingebracht werden. Ich empfehle Windspiele aus Metall.

Stern Nr. 5, die 'Fünf Gelb', fliegt 2014 in den **Nordwesten** des Hauses. Er gehört zum Erdelement und steht für unerwartete Veränderungen und Unfälle. Außerdem ist der Nordwesten teilweise von den 'Drei Toden' betroffen, was die potenzielle Gefahr dieses Bereichs noch verdoppelt. Man sollte den Nordwesten in Ruhe lassen und jegliche bauliche Veränderungen oder Möbelumstellungen vermeiden. Der Nordwesten repräsentiert den Vater und die Tierkreiszeichen Hund und Schwein. Das heisst, Männer über 45 J. und im Tierkreiszeichens Hund und Schwein Geborene sowie die Menschen, deren Haupteingangstür im NW liegt, sollten sich vor der gefahrvollen Energie der Fünf Gelb besonders vorsehen. Als Gegenmaßnahmen können eine 5 Elemente Pagode aus Gold oder Messing, Windspiele mit 6 Metallstangen, 6 Münzen an einem roten Band und Ascessoires aus Metall helfen. Das Licht in diesem Bereich immer gedämpft lassen, weil sonst das Feuer-Chi das Erd-Chi der Fünf Gelb stärkt. Man sollte vermeiden, in diesem Bereich zu schlafen.

Im **Nordosten** befindet sich dieses Jahr der Unglückstern Nr. 7, der für Gewalt, Diebstahl, Einbruch und Verlust sorgt. Der Nordosten repräsentiert den jüngsten Sohn und die Tierkreiszeichen Büffel, Hahn und Tiger. Der jüngste Sohn und junge Männer sind besonders gefährdet ebenso wie die Angehörigen dieser Tierkreiszeichen und all jene, deren Haupteingangstür sich im NO befindet.
Da Stern Nr. 7 zum Metallelement gehört, wird er noch vom Erdelement in diesem Bereich besonders unterstützt. Deshalb immer Streitigkeiten vermeiden und Geduld bewahren.
Am besten sorgt fließendes Wasser für die Harmonisierung dieses Bereichs. Wem es nicht möglich ist, hier einen Zimmerbrunnen zu installieren, sollte das Bild eines Nashorns in diesen Bereich hängen.

Im **Süden** befindet sich dieses Jahr der 'Großherzog Jupiter', dessen Bereich man in Ruhe lassen sollte und auch nicht direkt ansehen sollte. Die mittlere Tochter ist von der Energie im Süden besonders betroffen, d. h. Frauen zwischen 16 und 30 J. ebenso wie Menschen, die zum Tierkreiszeichen Pferd gehören. Falls die Haupteingangstür im Süden ist, sollte man ebenfalls vorsichtig sein. Ein 'Pi Yao' im Süden, kann die negative Energie mildern und sollte vor allem von den unter dem Tierkreiszeichen Ratte Geborenen aufgestellt werden, da ihr Bereich direkt gegenüber im Norden liegt, sie also den Großherzog direkt konfrontieren.

Der **Norden** ist in 2014 der Bereich der 'Drei Tode', die hier am besten durch 3 gesunde grüne Pflanzen, (gut sind drei Bambuspflanzen in einem klaren Glas Wasser) in Schach gehalten werden. Die 'Drei Tode' bringen andernfalls drei Arten von Unglück im Hinblick auf Beziehungen. Man sollte die 'Drei Tode' nie im Rücken haben. Betroffen ist der mittlere Sohn, auch Männern zwischen 15-30 J. und Angehörige des Tierkreiszeichens Ratte. Tierkreiszeichen Ratte sollte es vermeiden Richtung Süden zu reisen und zusätzlich 2014 als Amulett das Abbild eines Schafs / Ziege bei sich tragen, um die gegnerische Pferdeenergie des Jahres 2014 besser in den Griff zu bekommen.

Die gute Nachricht ist, es gibt auch Glückssterne. Stern Nr. 8 fliegt in den Süden, wodurch leider das Glück für Wohlstand, das er bringt, durch den 'Großherzog' wieder relativiert wird. Stern Nr. 1 fliegt in den **Südwesten**, er bedeutet, dass man siegreich sein wird, sofern man sich häufig im Südwesten aufhält. Stern Nr. 6 fliegt in den **Westen**. Er steht für den männlichen Familienvorstand und bedeutet Himmelsglück, wenn man ihn aktiviert.
Stern Nr. 4 fliegt ins **Zentrum** (Tai Chi). Er steht für Romantik und Liebe ebenso wie für Forschung und Lehre. Stern Nr. 9 fliegt in den Norden und hat eine energieverstärkende Wirkung. Da sich im Norden leider die 'Drei Tode' befinden, verstärkt er deren Energie, was sehr ungünstig ist.

Die oben genannte Einschätzung gibt nur einen pauschalen Überblick. Denn, die oben genannten Einflüsse wirken sich individuell an jedem Ort anders aus. So hat jeder Ort eigene Ortssterne, die mit den Jahressternen kombiniert werden müssen und dann ein individuelles Ergebnis bringen.
Wenn ich im Verlaufe des Jahres negative Energie verspüre, obwohl ich alle mir bekannten notwendigen Feng Shui Maßnahmen zur Einschränkung der negativen Energie ergriffen habe, ziehe ich häufig das Buch „Die Lichtwesen des Tarot" zurate. Durch die Kombination

der Tarotkarten mit den Himmelsrichtungen und Elementen des Feng Shui in diesem Buch, kann ich mit der Kartenbefragung schnell erkennen, wo im einzelnen noch Ungleichgewichte ausbalanciert werden müssen.

Ereignisse 2014: u.a. Deutschland wird Fußballweltmeister, die Krim wird russisch, der IS erstarkt in Syrien, Ebola-Epidemie breitet sich in Afrika aus, Vulkanausbruch in Indonesien, Überschwemmungen in China, Erdbeben in der Provinz Yunnan (China).

26. 3. 2014 - Russland zwischen Orient und Okzident

Russland und Deutschland gehören zusammen.
Ich zitierte 2009: 'Mit dem Verstand kann man Russland nicht erfassen ....' Tschutschew, 1866
So ist es nun nicht mehr. Die Geschichte hat gelehrt, dass Russland als Bollwerk zwischen Europa und Asien zwischen zwei Stühlen sitzt: dem des asiatischen Despotismus und dem der westlichen Demokratie. Diese Situation formt sich derzeit aus in Putins 'gelenkter Demokratie'. Ständig die Balance zu halten und somit unter Umständen einen Spagat machen zu müssen zwischen Ost und West erfordert eine besondere Leistung von der russischen Regierung. Welche Seite wird als nächstes ausbalanciert werden müssen?
Update 2014: Lesen Sie hierzu auch den ausgezeichneten Artikel in der WiWo (https://www.wiwo.de/politik/deutschland/bettina-roehl-direkt-wladimir-putin-fluch-oder-segen/9274398.html).

Neuere Berichte zeigen, dass sich Russland, ohne unabhängige Justiz, zur Zeit wohl eher in Richtung asiatische Despotie hin entwickelt (https://info.arte.tv/de/thema-enteignung-auf-russisch).
Ich korrigiere: Putin hat allen Grund sich despotisch zu verhalten, wenn, wie zur Zeit, USA und EU die Region in der Ukraine destabilisieren wollen, um besser US-amerikanische Interessen auf dem Energiesektor durchsetzen zu können. Fragt sich nur, warum Frau Merkel mitmacht? Hat sie völlig den Verstand verloren? Es ist immer dasselbe. Nach der uralten Methode 'teile und herrsche' werden Menschen gegeneinander aufgehetzt, um eine Region zu

destabilisieren. Denn, wenn zwei sich streiten freut sich bekanntlich der Dritte. Nur - Putin hat die Menschen in der Ukraine nicht gegeneinander aufgehetzt. Ich kann nur empfehlen, das ausgezeichnete Buch von Krysmanski zu lesen: "Hirten & Wölfe. Wie Geld- und Machteliten sich die Welt aneignen", um das Vorgehen der USA auf weltpolitischer Bühne, unabhängig von der offiziellen Propaganda in den Medien, besser einordnen zu können.

Wenn man EU und Russland gegen einander aufhetzt, geht es ebenfalls um die Kontrolle über Öl- und Gasvorkommen im Mittelmeerraum, da beide Konkurrenten geschwächt aus dieser Auseinandersetzung hervor gehen werden. Somit hat der lachende Dritte (USA) ein leichtes Spiel im Energiepoker. Warum wissen die europäischen Pappnasen an der Regierung nicht, dass es in Europa, nämlich in Griechenland, riesige Rohstoffvorkommen gibt, die es zu erschließen gilt? Und wenn sie es wissen, warum ist es nicht ihre oberste Priorität mit diesen Reichtümern die griechischen Schulden zu tilgen?
Und warum sind die regierenden europäischen Pappnasen nicht in der Lage, den dezentralen Ausbau der freien erneuerbaren Energie voran zu treiben, damit Europa auf die Dauer von Öl und Gas unabhängig wird? Kurz: Warum vertreten die regierenden europäischen Pappnasen nicht europäische Interessen? (siehe hierzu: „Showdown", das Buch von Dirk Müller) Möge sie alle 'der Teufel' holen.
Und wieso stoppt niemand die ethnische Säuberung in der Ostukraine durch die Marionetten-Regierung in Kiew?
Und wo bin ich hier überhaupt? Scotty, beam me up! Es gibt keine Harmonie auf diesem Planeten.

6. 9. 2014 - Der zweite Tod

Dies schreibe ich anlässlich des 100. Jahrestages des Beginns des 1. Weltkriegs im Gedenken an meinen Großvater, der im 1. Weltkrieg gefallen ist. - Wir haben ihn schmerzlich vermisst:

Das Ziel der alt-ägyptischen Religion ist die Sicherheit der Seele im Diesseits und Jenseits. Deshalb, oh Wanderer, verhältst du dich möglichst im Diesseits deinen Widersachern gegenüber nach den

Vorgaben der Ma'at. Nur dann kannst du sicher sein, dass deine Seele im Jenseits keinen Schaden nimmt.

Wie man das macht, steht im Buch Thot.

"Der Gedanke an ein ... Totengericht wurde erstmals am Beginn des Mittleren Reiches in der Lehre für Merikare um 2000 v. Chr. ausformuliert (...) Die Vorstellung vom Totengericht verdichtete sich im Bild der Waage. Das Herz des Menschen, die Sammelstelle allen guten und schlechten Handelns, wurde auf der Waage gegen das Symbol der Maat, eine Feder, aufgewogen." (Hartwig Altenmüller in: Suche nach Unsterblichkeit, Hildesheim 1990)

Jedoch, oh Wanderer, wenn du diese Zeilen liest, wirst du mithilfe der Göttin schon viele Dämonen besiegt haben, denn du wurdest bereits wieder geboren. Deine Seele dürfte im Jenseits schon oft an AMMUT - dem zweiten Tod - vorbei gegangen sein. Darum sei auch diesmal kein Narr und erleichtere schon zu Lebzeiten dein Herz. Wie? Fang die Schatten, die dich lenken, dann kannst du sie überdenken, oder ihren Namen nennen und dir selbst die Freiheit schenken. Oder anders ausgedrückt: mache dir zu Lebzeiten deine Traumata (Dämonen) und Handlungsfehler (Sünden) bewusst und stelle dich deinem Schmerz, damit dein Herz wieder leicht und frei wird. Diese Freiheit bzw. Leichtigkeit ist nötig, um dem 'zweiten Tod' zu entgehen. Folge fortan dem Rat des Osiris (Hüter der Schwelle), wenn du am Scheideweg stehst.

Wie muss man sich das Totengericht konkret vorstellen? Es scheint, als befinde sich die Seele des Verstorbenen solange in einem Wartezustand (Zwischenzustand / Bardo) bis der Einklang mit Ma'at hergestellt ist. Erst dann kann die Seele ins Licht und ist frei.

Der 'Einklang mit Ma'at' kann nur hergestellt werden durch das Wahrnehmen der Wahrheit, denn nur wahrgenommene Wahrheit greift ein und verändert den Zustand.

Was bedeutet das für die Millionen Gefallenen und Ermordeten der Kriege und Weltkriege, die „ ... mutwillig oder zumindest fahrlässig in ein von Mächtigen und Interessengruppen in Gang gesetztes, verbrecherisches Unternehmen hineingezogen und zur Erreichung unlauterer Ziele ...“ (Eroberung von Territorien und Wirtschaftsräume) in den Tod getrieben werden?

(vgl. Remarque, Im Westen nichts Neues, S. 206)

„Einer aus der grauen Masse (…) muß für alle sprechen, muß das Gespenst der Vergangenheit stellen, am Kreuzweg um Mitternacht, muß es packen und halten und noch einmal mit Lebensblut erfüllen – damit es Zeugnis ablege und ihnen allen die Ruhe bringe, allen, die für immer schweigen, und allen, auf denen heute noch der Druck unklaren Erinnerns, geteilter Gefühle, zerrissenen Empfindens liegt." (zitiert nach Erich Maria Remarque: Im Westen nichts Neues, 21. Auflage 2003, S. 205)

Für die Toten des 1. Weltkriegs vor 100 Jahren hat das Erich Maria Remarque mit seinem Roman 'Im Westen nichts Neues' getan. Wer wird es für die Toten der derzeit stattfindenden Greueltaten heutiger Kriegsschauplätze tun? Wer wird deren Seelen durch das Wahrnehmen der Wahrheit erlösen?

Gewalt ist der Analphabetismus der Seele. Und es ist eine Schande, dass in den letzten 30 Jahren Krieg als Mittel der Politik auch in Deutschland wieder hoffähig geworden ist. Aber die größten Kriegstreiber befinden sich seit geraumer Zeit schon in Amerika. Auch hierzu könnte man sagen: Im Westen nichts Neues!

10. 11. 2014 - Tanz auf dem Vulkan

Jedem Tierchen sein Pläsierchen,
und die 'schweigende Mehrheit' hat Recht.

Das Recht auf Ignorierung
schützt vor schleichender Indoktrinierung,
deshalb ist es gar nicht so schlecht.

Sich nicht provozieren zu lassen,
weder von Kabarettisten, Salafisten
noch sonstigen Theisten,
ist in Zeiten wie diese
hierzulande noch die beste Devise.

Was hinzuzufügen wäre:
Alle theistischen Religionen sind im Kern faschistisch, denn sie

brauchen ein Feindbild – den 'Teufel'.

Im Europa des 21. Jh. sind diese rückständigen Ideologien jedoch anachronistisch, weil sie menschenverachtende Gedanken schlussfolgern lassen. Nichtsdestotrotz können sie natürlich von rückständigen Kräften jederzeit zwecks Destabilisierung humanistischer Ordnungen eingesetzt werden. Verbreiter dieser Ideologien sind daher entweder dumm und werden instrumentalisiert oder sind skrupellose Angehörige der Spezies Mensch, die mit dem Leiden anderer ihre eigene Machtgier befriedigen wollen.

4. 1. 2015 - Jahr der Ziege 2015

Am 4. Februar 2015 beginnt das Jahr der Ziege / Schaf. Das Jahr wird bestimmt durch Yin Holz, das auf Yin Feuer sitzt und es nährt. Ein heißes und trockenes Jahr, besonders im Juli.

Im **Osten** findet sich Glücks-Stern Nr. 1 ein. Der Osten wird auch dem ältesten Sohn zugeordnet ebenso wie dem Tierkreiszeichen Hase. Männer zwischen 30 und 45 J. dürften besonders von Stern Nr. 1 profitieren ebenso wie die Angehörigen des Tierkreiszeichens Hase. Und natürlich alle, deren Haupteingangstür / Wohnungstür in diesem Bereich liegt.

Stern Nr. 1 gehört zum Wasserelement und man kann ihn mit z.B. einem Blauen Wasserdrachen verstärken, um seine glückbringenden Energien zu stimulieren. Besser ist es jedoch, direkt das Wasserelement in diesem Bereich zu stärken, indem man z.B. ein Aquarium dort aufstellt oder auch ein Bild mit Wassermotiven dort aufhängt. Da der Osten zum Holzelement gehört, sollten keine Assesoires benutzt werden, die zum Metallelement gehören.

Im **Südosten** befindet sich Stern Nr. 2, der mit Krankheiten in Verbindung gebracht wird. Außerdem ist der Südosten die Himmelsrichtung der ältesten Tochter und der Tierkreiszeichen Schlange und Drache. Die älteste Tochter, Frauen zwischen 30 und 45 J. und die unter den beiden Zeichen Schlange und Drache Geborenen sind von den Auswirkungen des Sterns Nr. 2 besonders betroffen. Sollte die Haupteingangstür / Wohnungstür im SO liegen, muss man ebenfalls aufpassen.

Da Stern Nr. 2 zum Erdelement gehört und der Südosten zum Holzelement, ist seine Wirkung besonders schädlich. Mit Attributen des Metallelements als Gegenmaßnahme kann gearbeitet werden. Also z.B. Windspiele aus Metall einbringen oder 6 Münzen am roten Band in den Bereich hängen.

Stern Nr. 3 ist der Stern für Streitigkeiten. Er fliegt dieses Jahr in das **Zentrum**. Das bedeutet, dass alle Familienmitglieder oder Kollegen dieses Jahr leicht in Rage geraten können.
Das Zentrum gehört zum Erdelement und Stern Nr. 3 zum Holzelement, diese Konfliktsituation kann Unfälle, Kämpfe und Verletzungen der Muskeln nach sich ziehen.
Am besten ist das Feuerelement, um die Auswirkungen zu neutralisieren. Rote Assessoires hier einbringen. Etwas metallisch glänzendes Rotes passt am besten in diesen Bereich.

Stern Nr. 4 befindet sich im **Nordwesten**. Er steht für Romantik und Liebe ebenso wie für Forschung und Lehre. Der Nordwesten repräsentiert den Vater und die Tierkreiszeichen Hund und Schwein. Das heißt, Männer über 45 J. und im Tierkreiszeichen Hund und Schwein Geborene sowie die Menschen, deren Haupteingangstür im NW liegt, profitieren besonders von Stern Nr. 4. Allerdings kann der Konflikt zwischen dem Metallelement des Nordwesten und dem Holzelement von Stern Nr. 4 zu Gefühlschaos, Nervenproblemen und Kopfschmerzen führen. Da der Nordwesten auch noch teilweise von den 'Drei Toden' betroffen ist, könnte ein Zimmerbrunnen für Abhilfe sorgen. Auf jeden Fall hilft das Wasserelement den Konflikt zwischen Metall und Holz zu entschärfen.

Die '3 Tode' befinden sich im **Westen**, einschließlich Teile von Nord- und Südwesten.
Auch Stern Nr. 5, bekannt als 'Fünf Gelb' befindet sich im Westen. Er gehört zum Erdelement und bringt die gefährlichste Energie aller 9 Sterne. Zusammen mit den '3 Toden' verdoppelt sich die Gefährlichkeit noch. Daher den Westen ruhig halten, am besten gar nicht erst benutzen, z.B. den Schlaf- und /oder Wohnbereich noch vor Februar in ein anderes Zimmer verlagern. Auf gar keinen Fall Renovierungen und Änderungen im Westen vornehmen.

Der Westen repräsentiert die jüngste Tochter, Mädchen unter 15 Jahren und Menschen des Tierkreiszeichen Hahn. Menschen dieser Kategorie oder jene, deren Eingangstür in diesem Bereich liegt müssen besonders aufpassen. Besondere Vorsicht ist in den Monaten April, Juni, Juli 15 und Januar 2016 geboten.

Um die Gefahr einzudämmen empfiehlt es sich eine 5 Elemente Pagode in diesen Bereich zu stellen. Außerdem platziere eine große Schale Wasser in diesen Bereich. Ebenso helfen Assessoires aus Metall wie z.B. Windspiele aus Metall. Möglichst nicht mit dem Rücken zum Westen sitzen.

Stern Nr. 6, der Karriere Stern, fliegt in den **Nordosten**. Er bedeutet Erfolg, Unterstützung und positive Veränderungen. Einer der günstigsten Sterne.

Der Nordosten repräsentiert den jüngsten Sohn und die Tierkreiszeichen Büffel und Tiger. Der jüngste Sohn und junge Männer sind besonders begünstigt ebenso wie die Angehörigen dieser Tierkreiszeichen und all jene, deren Haupteingangstür sich im NO befindet. Im Horoskop liegt der Büffelder Ziege direkt gegenüber und hat daher mit Veränderungen z.B. Reisen, Umzügen etc. zu rechnen, außerdem sollte es der Büffel vermeiden in Richtung Südwest zu Reisen. Das Amulett eines Pferdes hält angreifende Ziege-Energie in Schach.

Da Stern Nr. 6 zum Metallelement gehört, wird er durch das Erdelement im Nordosten unterstützt. Der Nordosten liegt jedoch gegenüber Groß-Herzog Jupiter und sollte deshalb ruhig gehalten und Veränderungen sollten vermieden werden.

Um den Stern Nr. 6 zu aktivieren, können 6 Münzen an einem roten Band benutzt werden. Überhaupt ist Metall- oder Erdelement in diesem Bereich von Nutzen.

Stern Nr. 7, der Gewalt, Diebstahl und Verlust repräsentiert, fliegt in den **Süden**. Der Stern Nr. 7 findet immer einen Weg, um einem das Geld aus der Tasche zu ziehen.

Die mittlere Tochter ist von der Energie im Süden besonders betroffen, d. h. Frauen zwischen 16 und 30 J. ebenso wie Menschen, die zum Tierkreiszeichen Pferd gehören. Falls die Haupteingangstür im Süden ist, sollte man ebenfalls vorsichtig sein.

Da der Stern Nr. 7 zum Metallelement gehört und sich mit dem Feuerelement dieser Region im Konflikt befindet, werden seine schädlichen Auswirkungen noch verstärkt, besonders für jene, deren Eingangstür im Süden ist. Vermeide deshalb Streitereien und sei geduldig im Umgang mit anderen, um nicht in ernsthafte Schwierigkeiten zu kommen.

Am besten hilft in diesem Bereich das Wasserelement, Schwierigkeiten zu vermeiden. Das Bild oder die Figur eines Rhinozorus und eines Elefanten können ebenfalls helfen.

Der Wohlstandsstern Nr. 8 befindet sich 2015 im **Norden**. Wohlstand und Karriere werden von ihm gefördert. Betroffen ist der mittlere Sohn, auch Männern zwischen 15-30 J. und Angehörige des Tierkreiszeichens Ratte ebenso wie jene, deren Haupteingangstür im Norden ist.

Um Stern Nr. 8 zu verstärken sollte das Erdelement in diesem Bereich gestärkt werden, da der Stern zum Erdelement gehört.

Stern Nr. 9 fliegt in den **Südwesten** und hat eine energieverstärkende Wirkung, bedeutet aber auch angenehme Ereignisse wie Beförderung, Neubeginn, Hochzeit, Geburt etc.

Großherzog-Jupiter befindet sich dieses Jahr ebenfalls im Südwesten und teilweise die '3 Tode'. Es ist gut einen Pi Yao in dieser Ecke zu platzieren, der in nordöstliche Richtung sieht. Der Nordosten ist die gegenüberliegende Richtung. Beide Richtungen sollten ruhig gehalten werden, d.h. Umbauten, Umstellungen, Renovierungen sollten vermieden werden.

Der Südwesten repräsentiert die Mutter, Frauen über 45 Jahren, Sternzeichen Ziege und Affe. Deshalb sind besonders Menschen dieser Kategorie und jene, deren Eingangstür im Südwesten ist, betroffen.

Stern Nr. 9 gehört zum Feuerelement. Der Südwesten gehört zum Erdelement. Deshalb stimulieren Feuer- und Erdelement Attribute in diesem Bereich die günstigen Energien der Nr. 9.

Die oben genannte Einschätzung gibt nur einen pauschalen Überblick, denn die oben genannten Einflüsse wirken sich individuell an jedem Ort anders aus. So hat jeder Ort eigene Ortssterne, die mit den Jahressternen kombiniert werden müssen und dann ein individuelles Ergebnis bringen.

Wenn ich im Verlaufe des Jahres negative Energie verspüre, obwohl ich alle mir bekannten notwendigen Feng Shui Maßnahmen zur Einschränkung der negativen Energie ergriffen habe, ziehe ich häufig das Buch „Die Lichtwesen des Tarot" zurate. Durch die Kombination der Tarotkarten mit den Himmelsrichtungen und Elementen des Feng Shui in diesem Buch, kann ich mit der Kartenbefragung schnell erkennen, wo im einzelnen noch Ungleichgewichte ausbalanciert werden müssen.

Im Jahr der Ziege 2015 könnte es insgesamt leichter sein als 2014 (Jahr des Pferdes), internationale Konflikte zu lösen und Kompromisse zu finden.

Ereignisse 2015 u. a.: Frankreich wird von Terroranschlägen erschüttert, der IS Terror ist im Nahen Osten in vollem Gange, Deutschland wird von Flüchtlingen überschwemmt, Germanwings Absturz in Frankreich, Helmut Schmidt stirbt.

5. 3. 2015 - Die Liebe und das Leiden

Vergangene Nacht hatte ich im Traum eine philosophische Diskussion mit einem Buddhisten über das Leben und den Tod.
Ich meinte: es ginge nicht darum, alle negativen Gefühle zu vermeiden. Das könne man gar nicht, weil Lachen und Weinen nun einmal zum Leben dazu gehören.
Es ginge viel eher darum, negative Gefühle wie Wut, Angst, Schmerz zuzulassen, zur Kenntnis zu nehmen und als zu einem selbst gehörend anzuerkennen, um sie dadurch zu überschreiten und von ihnen frei zu werden. Nur wer sich selbst erkennt, bezwingt die Welt.
Er meinte: 'Achtsam sein' und 'Anhaftungen loslassen' sind deshalb wichtig, damit man nicht zum Opfer bzw. Sklaven seiner eigenen negativen Gefühle wird. Letztlich geht es um Macht – über das Sterben. Es geht darum, während des Sterbens nicht das Bewusstsein zu verlieren, sich nicht vom Gefühl der Angst überwältigen zu lassen und die Absicht der Verschmelzung mit dem magischen Feuer im

Auge zu behalten.

Ich meinte: In diesem Sinne kann das ganze Leben als Übung aufgefasst werden, mit Begierden & Co. so umzugehen, dass sie einen nicht überwältigen und krank machen.

Krankheit ist der Protest der Seele gegen das Ego. Das Ego sagt: ich will ein Haus, ein Auto, diese Frau, diesen Mann usw..

Wenn der Mensch aber in dem Bemühen, das alles zu erlangen, leiden muss, hat seine Seele, sein innerer Kompass, andere Pläne mit ihm. Der Mensch muss dann seiner Seele folgen, um vom Leiden wieder frei zu werden und glücklich zu sein.

Wie erkennt man seine Seele?

Als Mensch muss man fähig sein, sich den Sexualtrieb dienstbar zu machen. Der Mensch ist kein Tier. Die Sexualität dient dem Menschen als Treibstoff für den Geist. Sie ist der Transmissionsriemen für die Erkenntnis der Seele. Solange der Mensch seine Seele, das magische Feuer, nicht kennt, besteht die Gefahr, dass er in die Falle tappt und leidet.

Die Falle, das ist die Qual der Wahl oder die Macht der Entscheidung! Eine Entscheidung kann zum Leiden oder zum Glück führen. Die Wahl ist nur dann die richtige, wenn sie in Übereinstimmung mit der Seele ist. Und die Seele folgt der Ma'at.

Er meinte: Hat man die falsche Entscheidung getroffen folgt in Abstufungen von Unwohlsein bis Krankheit das Leiden auf dem Fuße. Das einzige was hierbei hilft, ist „den Geist ruhen zu lassen". Es gilt, das mit dem Leiden einhergehende routierende Gedankenkarussell zu stoppen. Das Gedankenkarussell stoppt man durch Meditation. Meditation ist die Schule des Geistes. Mittels Geist ändert man seine Körperschwingung und im Falle des Leidens geht es darum, eine niedrige Körperschwingung in eine hohe zu transformieren. Haben wir das Gedankenkarussell gestoppt, sind wir ruhig und entspannt. Auch die Buddhanatur (Erleuchtung) ist nichts anderes als eine bestimmte hohe Körperschwingung. Manche von uns sind erleuchtet und wissen es gar nicht.

Ich ergänzte: In der Meditation ändern wir somit aktiv unsere Körperschwingung. Es ist sinnvoll immer dann zu meditieren, wenn man sich unwohl fühlt. Es gibt verschiedene Arten der Meditation. Im wesentlichen ist Meditation eine Konzentrationsübung. Man konzentriert sich solange auf Farbe oder Licht oder den Namen Gottes / Göttin, oder ein Symbol, oder ein Mantra, bis man entspannt und ruhig ist. Ich meditiere daher ausschließlich bei körperlichem Unwohlsein.

28. 1. 2016 - 2016 Jahr des Affen

Am 4. Februar 16 ändern sich mit dem Beginn des neuen chinesischen Jahrs des Affen wieder die Schwingungen im Feinstofflichen.
Mit den Möglichkeiten von Aktivierung und Maßnahmen zur Bändigung, können positive wie negative zeitliche Änderungen genutzt werden, um Gefahren zu entgehen und Glück einzuladen.

'Großherzog Jupiter' hält sich in West/Südwest auf und sein Konterpart in Ost/Nordost. Beide Bereiche ruhig halten, keine Renovierungen, Umbauten, Möbelumstellungen vornehmen.

Die Drei Tode okkupieren den Süden einschließlich Teile von Südost und Südwest. Es empfiehlt sich 3 Kristalle in diesen Bereich zu legen.

Stern Nr. 9 fliegt in den **Osten** und hat eine energieverstärkende Wirkung, bedeutet aber auch angenehme Ereignisse wie Beförderung, Neubeginn, Hochzeit, Geburt etc.
Der Osten wird auch dem ältesten Sohn zugeordnet ebenso wie dem Tierkreiszeichen Hase. Männer zwischen 30 und 45 J. dürften besonders von Stern Nr. 9 profitieren ebenso wie die Angehörigen des Tierkreiszeichens Hase. Und natürlich alle, deren Haupteingangstür / Wohnungstür in diesem Bereich liegt. Da Nr. 9 zum Feuerelement gehört, kann er mit Holzelement verstärkt werden. Pflanzen im Osten sind förderlich.

Im **Südosten** befindet sich Stern Nr. 1. Stern Nr. 1 gehört zum Wasserelement und man kann ihn mit z.B. einem Blauen Wasserdrachen verstärken, um seine glückbringenden Energien zu stimulieren. Besser ist es jedoch direkt das Wasserelement in diesem Bereich zu stärken, indem man z.B. ein Aquarium dort aufstellt oder auch ein Bild mit Wassermotiven dort aufhängt. Außerdem ist der

Südosten die Himmelsrichtung der ältesten Tochter und der Tierkreiszeichen Schlange und Drache. Die älteste Tochter, Frauen zwischen 30 und 45 J. und die unter den beiden Zeichen Schlange und Drache Geborenen können von den Auswirkungen des Sterns Nr. 1 besonders profitieren. Sollte die Haupteingangstür/Wohnungstür im SO liegen, ist das ebenfalls günstig.
Nichtsdestotrotz ist der Südosten im Jahr des Affen teilweise von den 3 Toden betroffen. Das wirkt sich besonders auf das Tierkreiszeichen Schlange aus. Deshalb sollten Menschen dieses Tierkreiszeichens keine Veränderungen nach dem 4. Febr. 16 in diesem Bereich vornehmen.

Im **Zentrum** befindet sich 2016 Stern Nr. 2, der mit Krankheiten in Verbindung gebracht wird. Sowohl das Zentrum als auch Stern Nr. 2 gehören zum Erdelement und verstärken einander. Es ist angebracht Metall als das die Erde schwächende Element hier anzubringen.

Stern Nr. 3 ist der Stern für Streitigkeiten. Er fliegt dieses Jahr in den **Nordwesten**. Der Nordwesten gehört zum Metallelement und Stern Nr. 3 zum Holzelement. Der Nordwesten repräsentiert den Vater und die Tierkreiszeichen Hund und Schwein. Das heißt, Männer über 45 J. und im Tierkreiszeichens Hund und Schwein Geborene sowie die Menschen, deren Haupteingangstür im NW liegt, neigen vermehrt dazu 2016 in Streitigkeiten zu geraten. Um Holz und Metall auszubalancieren benutzt man möglichst Wasser und Feuer.
Am besten ist das Feuerelement, um die Auswirkungen zu neutralisieren. Rote Assessoires hier einbringen. Etwas metallisch glänzendes Rotes passt am besten in diesen Bereich.

Stern Nr. 4 befindet sich im **Westen**. Er steht für Romantik und Liebe ebenso wie für Forschung und Lehre. Der Westen repräsentiert die jüngste Tochter, Mädchen unter 15 Jahren und Menschen des Tierkreiszeichen Hahn. Menschen dieser Kategorie oder jene, deren Eingangstür in diesem Bereich liegt profitieren besonders von der Energie des Stern Nr. 4. Allerdings kann der Konflikt zwischen dem Metallelement des Westen und dem Holzelement von Stern Nr. 4 zu Gefühlschaos, Nervenproblemen und Kopfschmerzen führen. Um zwischen Metall und Holz auszugleichen, hilft es das Wasserelement hier einzubringen. Z. B. einen Springbrunnen platzieren oder ein Bild mit Wassermotiven in diese Ecke hängen.

Stern Nr. 5, bekannt als 'Fünf Gelb' befindet sich im **Nordosten**. Er gehört zum Erdelement und bringt die gefährlichste Energie aller 9 Sterne.
Der Nordosten repräsentiert den jüngsten Sohn und die Tierkreiszeichen Büffel und Tiger. Der jüngste Sohn und junge Männer sind besonders betroffen ebenso wie die Angehörigen dieser Tierkreiszeichen und all jene, deren Haupteingangstür sich im NO befindet. Der Nordosten sollte daher ruhig gehalten werden oder am besten garnicht benutzt werden. Falls das nicht möglich ist, empfiehlt sich eine 5 Elemente Pagode aus Metall hier aufzustellen, die die Erdenergie des Stern Nr. 5 symbolisch einschließt. Jedenfalls ist Metallenergie in diesem Bereich von Nutzen, da es die Erdenergie schwächt.

Stern Nr. 6, der Karriere Stern, fliegt in den **Süden**. Er bedeutet Erfolg, Unterstützung und positive Veränderungen. Einer der günstigsten Sterne.
Die mittlere Tochter ist von der Energie im Süden besonders betroffen, d. h. Frauen zwischen 16 und 30 J. ebenso wie Menschen, die zum Tierkreiszeichen Pferd gehören. Falls die Haupteingangstür im Süden ist, kann man ebenfalls profitieren. Leider ist der Süden von den 3 Toden betroffen und außerdem gehört Stern Nr. 6 zur Metallenergie, weshalb er im Süden von der Feuerenergie zerstört wird. Am besten hilft der Einsatz von Erdenergie als Ausgleich und Aktivierung von Stern Nr. 6

Stern Nr. 7, der Diebstahl, Gewalt und Verlust repräsentiert, fliegt in den **Norden**. Der Stern Nr. 7 findet immer einen Weg, um einem das Geld aus der Tasche zu ziehen. Betroffen ist der mittlere Sohn, auch Männern zwischen 15-30 J. und Angehörige des Tierkreiszeichens Ratte ebenso wie jene, deren Haupteingangstür im Norden ist.
Am besten hilft in diesem Bereich das Wasserelement, Schwierigkeiten zu vermeiden. Das Bild oder die Figur eines Rhinozorus und eines Elefanten können ebenfalls helfen.

Der Wohlstandsstern Nr. 8 befindet sich 2016 im **Südwesten**. Der Südwesten repräsentiert die Mutter, Frauen über 45 Jahren, Sternzeichen Ziege und Affe. Deshalb sind besonders Menschen dieser Kategorie und jene, deren Eingangstür im Südwesten ist, begünstigt. Da der Südwesten teilweise von Großherzog Jupiter heimgesucht wird, soll er jedoch ruhig gehalten werden und Veränderungen in diesem Bereich vermieden werden. Es wird empfohlen die Erdenergie in diesem Bereich zu stärken und ein Bild der „Acht Kostbarkeiten" zur Aktivierung des Glücks hier aufzuhängen.

Die oben genannte Einschätzung gibt nur einen pauschalen Überblick, denn die oben genannten Einflüsse wirken sich individuell an jedem Ort anders aus. So hat jeder Ort eigene Ortssterne, die mit den Jahressternen kombiniert werden müssen und dann ein individuelles Ergebnis bringen.

Im Jahr des Affen 2016 sitzt Yang Feuer auf Yang Metall. Feuer kontrolliert Metall. Es entsteht der Eindruck eines Kampfes.

Ereignisse 2016 u.a.: Großbritannien votiert für den Brexit, Terroranschläge überall auf der Welt häufen sich und am Jahresende gibt es auch in Berlin einen Terroranschlag, Putsch in der Türkei, schweres Erdbeben in Amatrice (Italien), die AfD erstarkt in Deutschland als neue Partei.

2. 2. 2016 - Der Anachronismus des Krieges

Die Heimatvertriebenen haben ein Recht vor Krieg, Hunger und Elend, Zuflucht zu finden. Hilf den Menschen soviel du kannst und wenn das nicht möglich ist, verursache keinen Schmerz mit deiner Engherzigkeit.
'Das Übel weicht vor dem zurück, der die Sonne im Herzen hat.'
Wenn Missgeschick regiert dunkle Tage, in deinem Herzen die Sonne dann trage.

Wenn du Frieden willst, schaffe zuerst Frieden in dir selbst.
"Krieg ist veraltet, weißt du. Natürlich kann der Verstand es immer

rechtfertigen zurückzuschlagen. Aber das Herz ... das Herz würde das nie verstehen. Und dann wärst du in dir selbst geteilt, das Herz und dein Verstand ... und der Krieg ist in dir." (S. H. d. Dalai Lama)

Ich ziehe es vor, meine Gegner nach den Vorgaben der Ma'at zu bekämpfen. Wie man das macht, steht im Buch Thot (siehe hierzu mein Buch 'Die Lichtwesen des Tarot'). Nur dann kann ich sicher sein, dass meine Seele keinen Schaden nimmt.

4. 12. 2016 - Dezember Blues

Spell (siehe unten) zur Abwendung von Unglück

Zieht euch warm an.
Die Kälte greift den Darm an.
Denn: Geld regiert die Welt.
Außer 'arm sein' ist alles erlaubt.
Globalisierung heißt: global Player beuten weltweit alle Menschen aus.
Die lokale Regierung hilft ihnen dabei.
Den meisten ist das einerlei.
Die veröffentlichte Meinung streut uns Sand in die Augen, damit wir es nicht erkennen.
Oder man offeriert uns Opium in Form von Religion, damit wir pennen.
Die Demokratie wird wieder einmal abgebaut.
Wehe dem, wenn sich einer traut
den Mund aufzumachen
und zu benennen all die bösen Sachen.
Dann schrein sie: Terrorist! -
Wobei sie bestimmen wer das ist.
Ein Trottel der, der wissen will. Er kann Schlimmeres nicht verhindern.
Die Freiheit wird genommen unseren Kindern,
von den Mächtigen, das ist uns klar.
Es zu leugnen macht es nicht weniger wahr.
Was uns bleibt?
Die Augen reibt!

Seht ganz genau hin und legt den Finger in die Wunde.
Was einst weiß war ist jetzt schwarz.
Drum verbleibt uns nur der Spruch,
aufzusagen in einer Vollmondnacht,
um das Übel abzuwenden,
damit wir nicht im Notstand enden:
Ich rufe Dich, Göttin, in dieser Nacht
damit Du mir schenkest Deine Macht,
um die Willkür zu beenden.
Dein Besen soll das Unterste zuoberst kehren
und das Schicksal wenden.
Deshalb, oh Göttin, leg ich in Deine Hand
die Rechnung, die schurkische Herrschaft
für dies Land erfand.
Damit die Reichen hier nicht gehen über Leichen,
mögest Du diese Rechnung begleichen.
Durch Deine und die Macht von 3 x 3
wirke der Zauber, auf das es so sei.
Der Spruch ist abgesandt. Ich bin gespannt, ob Willkür hier weiterhin
bleibt im Stand.

Anmerkung 2018: Bislang konnte ich noch keine Wirkung
vermerken. Der Prozess der Keimung des Samens ist offenbar noch
nicht abgeschlossen.

4. 1. 2017 - Fliegende Sterne 2017, Jahr des Hahns

Am 4. Februar 17 ändern sich mit dem Beginn des neuen
chinesischen Jahrs des Hahns wieder die Schwingungen im
Feinstofflichen.
Mit den Möglichkeiten von Aktivierung und Maßnahmen zur
Bändigung, können positive wie negative zeitliche Änderungen
genutzt werden, um Gefahren zu entgehen und Glück einzuladen.

'Großherzog Jupiter' hält sich im Westen auf und sein Konterpart im
Osten. Bereiche ruhig halten, keine Renovierungen, Umbauten,
Möbelumstellungen vornehmen. Blick- und Sitzrichtung gen Osten

einnehmen. Die 'Drei Tode' okkupieren den Osten. Es empfiehlt sich helles Licht in diesem Bereich brennen zu lassen.

Im **Nordwesten** befindet sich 2017 Stern Nr. 2, der mit Krankheiten in Verbindung gebracht wird.
Der Nordwesten repräsentiert den Vater und die Tierkreiszeichen Hund und Schwein. Das heißt, Männer über 45 J. und im Tierkreiszeichens Hund und Schwein Geborene sowie die Menschen, deren Haupteingangstür im NW liegt, neigen vermehrt dazu 2017 krank zu werden. Jedoch wird Stern Nr. 2, der zum Erdelement gehört durch das Metallelement des Nordwestens geschwächt. Dennoch empfiehlt es sich einen Medizinbuddha aufzustellen oder ein Windspiel aus Metall hier zu plazieren, um Stern Nr. 2 zu entschärfen.

Stern Nr. 3 ist der Stern für Streitigkeiten. Er fliegt dieses Jahr in den **Westen**. Der Westen repräsentiert die jüngste Tochter, Mädchen unter 15 Jahren und Menschen des Tierkreiszeichen Hahn. Ärger mit Eltern, Lehrern, Freunden und Partnern steht für diese Menschen ins Haus.
Der Westen gehört zum Metallelement und Stern Nr. 3 zum Holzelement.
Am besten ist das Feuerelement, um die Auswirkungen zu neutralisieren. Rote Assessoires hier einbringen. Etwas metallisch glänzendes Rotes passt am besten in diesen Bereich. Junge Mädchen und Menschen des Tierkreiszeichen Hahn sollten dieses Jahr rote Kleidung bevorzugen.

Stern Nr. 7, der Diebstahl, Gewalt und Verlust repräsentiert, fliegt in den **Südwesten**. Der Stern Nr. 7 findet immer einen Weg, um einem das Geld aus der Tasche zu ziehen. Der Südwesten repräsentiert die Mutter, Frauen über 45 Jahren, Sternzeichen Ziege und Affe. Deshalb sind besonders Menschen dieser Kategorie und jene, deren Eingangstür im Südwesten ist, betroffen.
Stern Nr. 7 gehört zum Metallelement und der Südwesten zum Erdelement. Das ist besonders gefährlich, weil Erde Metall hervorbringt. Zur Entschärfung dient am besten yang Wasser. Ich empfehle das Bild eines Ozeans in diesem Bereich aufzuhängen. Das

Bild oder die Skulptur eines Nashorn und eines Elefanten sind ebenso wirksam.

Stern Nr. 5, bekannt als 'Fünf Gelb' befindet sich im **Süden**. Er gehört zum Erdelement und bringt die gefährlichste Energie aller 9 Sterne. Da der Süden zum Feuerelement gehört und Feuer Erde hervorbringt, wird die Wirkung nochmals potenziert. Die mittlere Tochter ist von der Energie im Süden besonders betroffen, d. h. Frauen zwischen 16 und 30 J. ebenso wie Menschen, die zum Tierkreiszeichen Pferd gehören und Menschen, deren Haupteingangstür im Süden ist.
Teilweise hilfreich ist das Element Metall, weil es Erde schwächt. Also 6 Münzen aus Metall und / oder ein Metall-Windspiel anbringen. Besonders wirksam ist eine 5-Elemente Pagode aus Metall. Ansonsten wird empfohlen, sich möglichst garnicht im Süden aufzuhalten, den Schlafplatz oder Essplatz in einen anderen Bereich der Wohnung zu verlegen. Gut ist es, wenn sich dort eine Abstellkammer oder Toilette befindet, dann hat man nichts zu befürchten.

Stern Nr. 9 fliegt in den **Südosten** und hat eine energieverstärkende Wirkung, bedeutet aber auch angenehme Ereignisse wie Beförderung, Neubeginn, Hochzeit, Geburt etc.
Außerdem ist der Südosten die Himmelsrichtung der ältesten Tochter und der Tierkreiszeichen Schlange und Drache. Die älteste Tochter, Frauen zwischen 30 und 45 J. und die unter den beiden Zeichen Schlange und Drache Geborenen können von den Auswirkungen des Sterns Nr. 9 besonders profitieren, sofern sie ihn mit einem Wassersymbol aktivieren.

Der Wohlstandsstern Nr. 8 befindet sich 2017 im **Osten**. Der Osten wird auch dem ältesten Sohn zugeordnet ebenso wie dem Tierkreiszeichen Hase. Männer zwischen 30 und 45 J. dürften besonders von Stern Nr. 8 profitieren ebenso wie die Angehörigen des Tierkreiszeichens Hase. Und natürlich alle, deren Haupteingangstür in diesem Bereich liegt. Es wird empfohlen zur Aktivierung des Glücks ein Bild der „Acht Kostbarkeiten" hier aufzuhängen und außerdem helles Licht gegen die „Drei Tode" permanent brennen zu lassen oder ein Metall-Windspiel aufzuhängen.

Stern Nr. 4 befindet sich im **Nordosten**. Er steht für Romantik und Liebe ebenso wie für Forschung und Lehre. Der Nordosten repräsentiert den jüngsten Sohn und die Tierkreiszeichen Büffel und Tiger. Der jüngste Sohn und junge Männer profitieren besonders ebenso wie die Angehörigen dieser Tierkreiszeichen und all jene, deren Haupteingangstür sich im NO befindet. Langsam fließendes Wasser aktiviert Stern Nr. 4.

Stern Nr. 6, der Karriere Stern, fliegt in den **Norden**. Er bedeutet Erfolg, Unterstützung und positive Veränderungen. Einer der günstigsten Sterne. Besonders profitieren davon der mittlere Sohn, auch Männern zwischen 15-30 J. und Angehörige des Tierkreiszeichens Ratte ebenso wie jene, deren Haupteingangstür im Norden ist. Da Stern Nr. 6 zum Element Metall gehört und der Norden zum Element Wasser ist jedoch nur langsamer Fortschritt möglich, weil Wasser Metall schwächt.

Im **Zentrum** befindet sich Stern Nr. 1. Stern Nr. 1, der Sieg verspricht, gehört zum Wasserelement und man kann ihn z. B. mit einem Blauen Wasserdrachen verstärken, um seine glückbringenden Energien zu stimulieren. Besser ist es jedoch, ein Symbol für Sieg im Zentrum zu platzieren.

Allgemein:
Im Jahr des Hahn 2017 sitzt Yin Feuer auf Yin Metall. Feuer kontrolliert Metall. In diesem Fall bedeutet das für dieses Jahr ganz allgemein viele Möglichkeiten Geld zu verdienen, Wohlstand zu generieren und Erfolg zu haben.

Die oben genannte Einschätzung gibt nur einen pauschalen Überblick, denn die oben genannten Einflüsse wirken sich individuell an jedem Ort anders aus. So hat jeder Ort eigene Ortssterne, die mit den Jahressternen kombiniert werden müssen und dann ein individuelles Ergebnis bringen.
Wenn ich im Verlaufe des Jahres negative Energie verspüre, obwohl ich alle mir bekannten notwendigen Feng Shui Maßnahmen zur Einschränkung der negativen Energie ergriffen habe, ziehe ich häufig

das Buch „Die Lichtwesen des Tarot" zurate. Durch die Kombination der Tarotkarten mit den Himmelsrichtungen und Elementen des Feng Shui in diesem Buch, kann ich mit der Kartenbefragung schnell erkennen, wo im einzelnen noch Ungleichgewichte ausbalanciert werden müssen.

Prognose für die Welt 2017:
Stellen wir uns eine Weltkarte vor, dann ist im Südosten Australien von der energieverstärkenden Wirkung von Stern Nr. 9 betroffen. Möglicherweise steht dort in irgendeiner Hinsicht ein Neuanfang bzw. etwas Innovatives bevor.
Im Zentrum befinden sich Teile von Afrika, der Nahe und mittlere Osten. Hier dürften sich mit Stern Nr. 1, der Sieg bzw. Triumph = Trumpf = 'Trump' (?) verspricht, 2017 die Dinge endlich zum Besseren (?) wenden.
Südafrika im Süden drohen schlimme Zeiten.
Der Südwesten umfasst u. a. Teile von Brasilien, Argentinen und Chile. Dort drohen Gewalt, finanzielle Verluste, Aufstände.
Im Westen befinden sich Teile der USA, Mittel- und die Hälfte von Südamerika. Dort dürfte 'Großherzog Jupiter' für Unannehmlichkeiten sorgen.
Im Nordwesten befinden sich u.a. Teile der USA, Kanada und Alaska . Möglicherweise sind Epidemien dort ein Thema.
Der Osten (China, u.a.,) profitiert vom Wohlstandsstern Nr. 8, obwohl der Konterpart zum 'Großherzog Jupiter' und die "Drei Tode" dort für Konflikte und Spannungen sorgen.
Nordosten (Russland u.a.) und Norden (Europa u.a.) hingegen profitieren 2017 von positiven Veränderungen.

Ereignisse 2017 u. a.: Donald Trump wird Präsident der USA, Emmanuel Macron wird Präsident in Frankreich, Waldbrände in Portugal, Hochhausbrand in London, Helmut Kohl stirbt, das Bankgeheimnis wird aufgehoben, die Internetzensur wird eingeführt. Wasserknappheit in Johannesburg.

1. 4. 2017 - Die smarte Diktatur – Rezension

Gesellschaftskritik: „Die smarte Diktatur". Ein Buch von H. Welzer.

Harald Welzer zeichnet auf rund 300 Seiten das Bild einer Gesellschaft, die sich im Wandel befindet, im historischen Umbruch von Moderne zu Postmoderne. Leider ist dieser Wandel ein Rückschritt und kein Fortschritt, denn der Kapitalismus mutiert in der Konsumgesellschaft zunehmend zum Raubtierkapitalismus, weil sich überall 'räuberische Formationen' durchsetzen, die unter dem Vorwand die Welt zu verbessern, die Menschen versklaven und die Umwelt zerstören.

Die Ideale der Moderne, z.B. die der französischen Revolution, wie Freiheit, Gleichheit und Brüderlichkeit sind nurmehr Lippenbekenntnisse einiger Politiker geworden, während in Wirklichkeit das 'Recht des Stärkeren' regiert. (Etwas, das sich derzeit an der Ausbreitung der Wirtschaftskriege ums Öl rund um das Mittelmeer anschaulich beobachten lässt. Anm. d. V.) Feudalismus im neuen Gewand und Autokratien kehren auch bei uns wieder zurück.

Die Crux ist, dass wir alle durch unseren Hyperkonsum, jeder will ein Smartphone, ein Auto, ein Haus, etc. und alles möglichst billig, zugleich Mittäter an der Zerstörung der Welt, zu der wir alle gehören, sind. Kurz: wir zerstören uns selbst und keiner will es wissen.

Deshalb sind wir wie gelähmt angesichts der Katastrophen, die uns unweigerlich heimsuchen. Denn in Wirklichkeit hat alles zwei Seiten. Das Internet der Kommunikation, das uns verbindet, kann von den Angehörigen der 'räuberischen Formationen' auch zum Ausspionieren gegen uns verwandt werden. Der Energiebedarf der billigen und digitalen Produkte, die unser Leben vorgeben bequem und lustig zu machen, führt zum Raubbau an der Natur und zur Umweltkatastrophe. Digital ist fossil. (Welzer, S. 220) Außerdem führt er zur Versklavung der Arbeiter an den Abbaustätten (z.B. für seltene Erden, Kongo) und zum Vertreiben der Menschen aus ihrer Heimat, weil dort die Wirtschaftskriege ums Öl toben. Die Erde wird auf diese Weise zunehmend unbewohnbar. Wollen wir das?

Dieser Zusammenhang soll aber nicht in unser Bewusstsein geraten. Deshalb wird von den 'Bewusstseinsindustrien' und in den „(a)sozialen Netzwerken“ möglichst vieles aus dem Zusammenhang gerissen. Wir werden mit fragmentierten Informationen bombardiert und müssen uns selbst einen Reim darauf machen. Womit wir zunehmend überfordert werden.

Die gute Nachricht ist: Wir müssen dabei nicht mitmachen. Wir müssen lediglich unsere Bequemlichkeit überwinden und mit dem Hyperkonsum unnützer Produkte (wie z.B. Pokemon) aufhören. Wenn das massenhaft gelingt, tun wir der Natur etwas Gutes. Denn unnützer Kram, der nicht mehr nachgefragt wird, wird auch nicht mehr produziert und verbraucht auch keine Energie mehr. Denkt einfach einmal darüber nach.

Das was euch am Leben hält, ist das, was euch wirklich wichtig ist. Das solltet ihr herausfinden. Das geht aber nur, wenn ihr die „augmented reality" verweigert, denn sonst werdet ihr nicht mehr wissen, worauf es im Leben ankommt, was für euch in eurem Leben wirklich zählt und darüber euch selbst verlieren. Das ist der Tod.

20. 8. 2017 - Spirituelle Ökologie - der Ruf der Erde

Rezension des Buches: Spirituelle Ökologie – Der Ruf der Erde, Llewellyn Vaughan-Lee (Hg.)

Was ist spirituelle Ökologie? Es gibt keine eindeutige Definition. 19 Autoren versuchen in diesem Buch mit ihren Essay auf hohem Niveau den Begriff „Spirituelle Ökologie" zu interpretieren.

In jedem Essay ist die Rede von der „Anima mundi", der Weltseele. Der Begriff Seele ist nicht weniger unscharf. Jeder kann sich etwas anderes darunter vorstellen. Für mein Verständnis ist die Seele das, was uns belebt. Also hoffte ich mehr darüber zu erfahren, was die Welt belebt.

Einig sind sich alle Autoren darüber, dass die Welt ins Ungleichgewicht geraten ist und dass die Notwendigkeit in der „Wiedererlangung ... des der Natur innewohnenden Geistes" besteht. Offenbar ist dieser „der Natur innewohnende Geist" eben genau das, was die Welt belebt. Wo ist er aber hingekommen? Er ist in Vergessenheit geraten! Wir müssen uns nur wieder an ihn erinnern. Um das zu erreichen, appelieren die Autoren an den Leser / die Leserin:

- wir sollten endlich aufhören gegen Mutter Erde Krieg zu führen (Häuptling Oren Lyons);
- wir sollten mit unserer mechanistischen und

reduktionistischen Betrachtungsweise der Natur aufhören
und stattdessen alle Lebewesen, vom kleinsten Insekt bis
zum größten Adler als Wunder ansehen und ehren (Thomas
Berry);
- wir müssen erwachen und erkennen, was um uns herum
  geschieht. Wir müssen die desaströse Gegenwart zuerst
  einmal anerkennen, um sie dann umwandeln zu können, weil
  allein schon diese Anerkennung im kollektiven Bewusstsein
  einen Wandel bewirkt (Thich Nhat Hanh)

Häuptling Tamale Bwoya erzählt einen prophetischen Traum vom
unmittelbar bevorstehenden Weltgericht und davon, dass den Frauen
und Männern unserer Generation die Verantwortung für die Rettung
der Welt zugeteilt wurde.

John Stanley & David Loy plädieren dafür, die Menschenrechts-
erklärung um das Recht des Menschen auf ein sicheres Klima zu
erweitern und der Herrschaft der Erdölindustrie sowie des
Konsumismus den Kampf anzusagen.

Die Autoren Tucher & Swimme berichten vom amerik. Museum für
Naturgeschichte und dessen Feststellung der derzeitigen 6. Erd-
Aussterbe-Periode. Sie plädieren für einen Wertewandel weg von der
Wertschätzung des Hyper-Individualismus und hin zur Anerkennung
der Wechselwirkungen und Abhängigkeiten aller lebendigen Systeme
des Planeten untereinander.

Schwester MacGillis weist darauf hin, dass die Natur sich selbst
erschaffen hat und sieht Genmanipulation geradezu als Blasphemie an
der Schöpfung, weil sie das Vermächtnis des Lebens zunichte macht
und wir uns somit verhalten, wie jemand, der an dem Ast sägt, auf
dem er sitzt. Dennoch glaubt sie, dass die Weisheit des Universums
uns retten wird.

Wendell Berry glaubt an die Kraft der Liebe, durch die wir alle
ebenso wie die ganze Schöpfung entstanden sind. Wenn wir nicht
lernen uns auf die natürlichen Rhythmen des Lebens einzustimmen
werden wir untergehen. „Wir sind unsere Taten."

Winona LaDuke erklärt uns anschaulich wie die Natur mit den indigenen Völkern spricht. Woraufhin diese ihr Verhalten nach der Natur ausrichten und im Einklang mit ihr leben können.

Vandana Shiva weist daraufhin, dass die ganze Natur Nahrung ist. Der Stoffwechsel der Erde besteht im Nahrung geben und nehmen. Wenn dieses Geben und Nehmen nicht im Gleichgewicht ist, wie bei industriellen Monokulturen, erkrankt der ganze Organismus der Erde.

Susan Murphy gibt ein anschauliches Beispiel für die Umweltzerstörung durch die industielle Nahrungsmittelproduktion und mahnt uns, unseren Vampirismus einzustellen. Wir müssten dafür nur damit aufhören, uns von uns selbst durch den Konsumismus ablenken zu lassen.

Satish Kumar sieht die Erde als lebendigen Organismus, deren Geist in den Elementen wohnt und deren Seele im Prinzip der Harmonie besteht. Um diese Harmonie ist es geschehen, wenn die Hälfte der Menschheit hungert, obdachlos ist oder übergangen wird. Es braucht eine soziale Bewegung infolge eines spirituellen Erwachens für die gemeinsamen Interessen aller und gegen die Religion des Materialismus, Militarismus und des Eigennutzes.

Joanna Macy weist uns auf unseren fundamentalen Irrtum hin zu glauben, dass wir unberührt von dem bleiben könnten, was wir anderen Lebewesen antun. Wir sollten erkennen, dass die Welt unser Körper ist, mit dem wir auf Gedeih und Verderb verbunden sind.

Geneen Marie Haugen erninnert uns an Giordano Bruno, der im 16. Jh. sagte: "die gesamte Materie ist belebter Natur", und dafür auf dem Scheiterhaufen brannte. Sie ermuntert ihre Studenten z.B. mit Bäumen zu sprechen und ihre Fühler auszustrecken, um ihrer eigenen Einsamkeit, die aus der Annahme resultiert, von allem getrennt zu sein, zu entgehen.

Für Jules Cashford steht die Gaia-Hypothese dafür, dass die Erde ein sich selbst regulierendes System ist. Gaia ist der Name einer griechischen Göttin, die das Universum aus sich selbst heraus hervorbrachte. Somit wurde die Erde noch vor über 2500 Jahren als heilig verehrt.

Bill Plotkin möchte „Älteste" einsetzen, die sich um die 'Seele der Welt' kümmern sollen.

Sandra Ingermann erinnert uns daran, dass wir alle Wesen sind, die Licht und Liebe ausstrahlen können. Sie fordert uns dazu auf, an dieser Aufgabe zu arbeiten, um den Planeten zu heilen.

Ebenso meint Pir Zia Inayat Khan, dass alles was existiert aus Licht besteht. Dieses Licht wurde vom Propheten Mohammed Allah genannt.

Richard Rohr glaubt, dass ein einziger Gott das Universum schuf und dieser Schöpfung eine Gnade innewohnt, die letztlich obsiegt.

Vaughan-Lee appelliert an uns, unsere materialistischen Vergnügungen aufzugeben, nach innen zu schauen und uns unserer inneren Leere zu stellen, die dort entstanden ist, weil wir nicht mehr wissen, was wirklich für uns wichtig ist.

Meine Einschätzung: Alle Apelle haben ihre Berechtigung. Der hohe Abstraktionsgrad macht es der Leserin / dem Leser jedoch nicht leicht, bei der Lektüre durchzuhalten.
Das Problem "Klimawandel" bzw. Zerstörung des Planeten, d. h. von 'Mutter Natur', wird einfach allen Menschen ohne Ausnahme angelastet und die Ausgewogenheit fehlt. Viele der armen Menschen auf dieser Erde sind durchaus nicht daran beteiligt. Die Schuld trifft allein das 'kapitalistische Patriarchat' (von Werlhof).
So gesehen ist der Kampf für eine 'bessere' Welt offenbar die neue Propagandastrategie bestimmter Eliten zwecks Übernahme des ganzen Globus, bei der diesmal wie im o. g. Buch die Esoteriker massiv einbezogen werden sollen.

Vielleicht hat die Erde ja bereits nach der Sonne um Hilfe gerufen.
Die Forscherin Valentina Zharkova von der Northumbria Universität in Newcastle ist überzeugt, dass wir 2030 einer Mini-Eiszeit

entgegensehen. Das bedeutet 60 % weniger Sonnenaktivität. Soetwas gab es bereits im 17. Jahrhundert zwischen 1645 und 1715. Denn vermutlich ist das gesamte Universum ein sich selbst regulierendes System. Aber vielleicht wurde bis dahin auch der Golfstrom vom 'Geoengineering' so nachhaltig gestört, dass auf der Nordhalbkugel eine neue Eiszeit anbricht.

31. 12. 2017 - Fliegende Sterne 2018, Jahr des Hundes

Am 4. Februar 2018 ändern sich mit dem Beginn des neuen chinesischen Jahrs des Hundes wieder die Schwingungen im Feinstofflichen.
Mit den Möglichkeiten von Aktivierung und Maßnahmen zur Bändigung, können positive wie negative zeitliche Änderungen genutzt werden, um Gefahren zu entgehen und Glück einzuladen.

'Großherzog Jupiter' hält sich im Nord-Westen auf und sein Konterpart im Süd-Osten. Beide Bereiche ruhig halten, keine Renovierungen, Umbauten, Möbelumstellungen vornehmen. Blick- und Sitzrichtung gen Süd-Osten einnehmen.
Die 'Drei Tode' okkupieren den Norden. Es empfiehlt sich, 3 Pflanzen in diesen Bereich zu stellen.

Im **Nordwesten** befindet sich 2018 Stern Nr. 1, der mit Sieg, Karrieresprüngen, Erfolg bei der Arbeit, Verbesserung der Möglichkeiten in Verbindung gebracht wird.
Der Nordwesten repräsentiert den Vater und die Tierkreiszeichen Hund und Schwein. Das heißt, Männer über 45 J. und im Tierkreiszeichens Hund und Schwein Geborene sowie die Menschen, deren Haupteingangstür oder Schlafzimmer im NW liegt, können von Stern Nr. 1 profitieren. Stern Nr. 1 gehört zum Wasserelement und der NW zum Metallelement. Da Metall Wasser hervorbringt, lohnt es sich in diesem Fall, Stern Nr. 1 mit einem Wassersymbol zu aktivieren.
Der NW wird auch von Großherzog Jupiter heimgesucht, weshalb der Bereich ruhig gehalten werden sollte und keinerlei Veränderungen dort vorgenommen werden sollten. Alle Änderungen sollten vor dem 4. Feb. 2018 stattfinden.

Stern Nr. 2 ist der Stern für Krankheiten. Er fliegt dieses Jahr in den **Westen**. Der Westen repräsentiert die jüngste Tochter, Mädchen unter 15 Jahren und Menschen des Tierkreiszeichen Hahn. Wer zu dieser Personengruppe gehört ist 2018 in größerer Gefahr krank zu werden. Und natürlich diejenigen, deren Haupteingangstür oder Schlafzimmer im Westen liegen.

Der Westen gehört zum Metallelement und Stern Nr. 2 zum Erdelement. Da Erde Metall hervorbringt, schwächt das den Krankheitsstern bereits. Zusätzlich kann ein Medizinbuddha aus Metall in diesen Bereich plaziert werden, um gegen Krankheit zu schützen.

Stern Nr. 6, der Glück bringt, fliegt in den **Südwesten**. Der Südwesten repräsentiert die Mutter, Frauen über 45 Jahren, Sternzeichen Ziege und Affe. Deshalb profitieren besonders Menschen dieser Kategorie und jene, deren Eingangstür bzw. Schlafzimmer im Südwesten ist, von Stern Nr. 6.

Stern Nr. 6 gehört zum Metallelement und der Südwesten zum Erdelement. Das ist besonders günstig, weil Erde Metall hervorbringt. Zur Aktivierung des Sterns Nr. 6 das Bild eines Berges in diesen Bereich hängen.

Stern Nr. 4 befindet sich 2018 im **Süden**. Er gehört zum Holzelement und steht für Romantik und Liebe ebenso wie für Forschung und Lehre. Da der Süden zum Feuerelement gehört und Holz Feuer hervorbringt, wird die Wirkung allerdings reduziert. Die mittlere Tochter ist von der Energie im Süden besonders betroffen, d. h. Frauen zwischen 16 und 30 J. ebenso wie Menschen, die zum Tierkreiszeichen Pferd gehören und Menschen, deren Haupteingangstür bzw. Schlafzimmer im Süden ist. Zur Aktivierung sind gesunde Pflanzen geeignet oder Bilder von Blumen und Pflanzen.

Stern Nr. 8 fliegt in den **Südosten** und bringt Wohlstand. Er gehört zum Erdelement und der Südosten zum Holzelement. Holz kontrolliert Erde, das schränkt Stern Nr. 8 ein. Es ist gut zur Unterstützung für Stern Nr. 8 das Bild eines goldenen Berges oder ein Bild der „Acht Kostbarkeiten" aufzuhängen oder eine rote Kugel aus

Stein in diesem Bereich aufzustellen.

Außerdem ist der Südosten die Himmelsrichtung der ältesten Tochter und der Tierkreiszeichen Schlange und Drache. Die älteste Tochter, Frauen zwischen 30 und 45 J. und die unter den beiden Zeichen Schlange und Drache Geborenen können von den Auswirkungen des Sterns Nr. 8 besonders profitieren, sofern sie ihn aktivieren. Allerdings ist das Jahr des Hundes ein Gegner jener unter dem Sternzeichen des Drachen geborenen Menschen. Raymond Lo empfiehlt ihnen, ein Hase-Amulett bei sich zu tragen, um 'den Hund' von sich abzulenken.

Der Stern Nr. 7, der Diebstahl und Gewalt repräsentiert befindet sich 2018 im **Osten**. Der Osten wird auch dem ältesten Sohn zugeordnet ebenso wie dem Tierkreiszeichen Hase. Männer zwischen 30 und 45 J. dürften besonders von Stern Nr. 7 betroffen sein ebenso wie die Angehörigen des Tierkreiszeichens Hase und natürlich alle, deren Haupteingangstür bzw. Schlafzimmer in diesem Bereich liegt. Stern Nr. 7 gehört zum Metallelement und der Osten zum Holzelement. Metall kontrolliert Holz, wodurch sich die Wirkung des Sterns Nr. 7 verschärft. Das Bild von einem Ozean oder einem Rhinozoros und einem Elefanten in diesem Bereich sind hilfreich, um die Wirkung von Stern Nr. 7 abzumildern.

Stern Nr. 3 befindet sich im **Nordosten**. Er steht für Ärger und Streit. Der Nordosten repräsentiert den jüngsten Sohn und die Tierkreiszeichen Büffel und Tiger. Der jüngste Sohn und junge Männer ebenso wie die Angehörigen dieser Tierkreiszeichen und all jene, deren Haupteingangstür bzw. Schlafzimmer sich im NO befindet sind besonders betroffen. Stern Nr. 3 gehört zum Holzelement und der Nordosten zum Erdelement. Holz kontrolliert Erde, dadurch wird Stern Nr. 3 verschärft. Um ihn abzumildern empfiehlt es sich, etwas Rotes in diesem Bereich zu platzieren.

Stern Nr. 5, die „Fünf Gelb", fliegt in den **Norden**. Er bringt Krankheit, finanzielle Verluste und Hindernisse auf dem Weg zum Erfolg. Besonders betroffen ist davon der mittlere Sohn, auch Männern zwischen 15-30 J. und Angehörige des Tierkreiszeichens Ratte ebenso wie jene, deren Haupteingangstür bzw. Schlafzimmer im Norden ist. Da Stern Nr. 5 zum Erdelement gehört und der Norden zum Element Wasser, wobei Erde Wasser kontrolliert und somit die Wirkung von Stern Nr. 5 verschärft, kann ein Windspiel aus Metall oder 6 Münzen aus Metall helfen, um Stern Nr. 5 zu neutralisieren. Leider sind auch die „Drei Tode" 2018 im Norden zu finden. Sie bringen drei Arten von Unglück im Hinblick auf Beziehungen. Um sie zu neutralisieren genügen im Norden 3 Pflanzen, z. B. 3 Bambuspflanzen in einem klaren Glas Wasser.

Im **Zentrum** befindet sich Stern Nr. 9. Er hat eine energie-verstärkende Wirkung, bedeutet aber auch angenehme Ereignisse wie Beförderung, Neubeginn, Hochzeit, Geburt etc.
Stern Nr. 9 gehört zum Feuerelement. Das Zentrum gehört zum Erdelement. Feuer bringt Erde hervor, entsprechend abgeschwächt kommt Stern Nr. 9 zur Geltung. Um Stern Nr. 9 zu aktivieren kann etwas Metallisches im Zentrum platziert werden.

Die oben genannte Einschätzung gibt nur einen pauschalen Überblick, denn die oben genannten Einflüsse wirken sich individuell an jedem Ort anders aus. So hat jeder Ort eigene Ortssterne, die mit den Jahressternen kombiniert werden müssen und dann ein individuelles Ergebnis bringen. Ebenso hat jede Person entsprechend ihrer Konstitution, die sich aus den "Vier Säulen des Schicksals" ergibt, ein individuelles Feng Shui, wodurch sich die oben genannten Einschätzungen relativieren.
Wenn ich im Verlaufe des Jahres negative Energie verspüre, obwohl ich alle mir bekannten notwendigen Feng Shui Maßnahmen zur Einschränkung der negativen Energie ergriffen habe, ziehe ich häufig das Buch „Die Lichtwesen des Tarot" zurate. Durch die Kombination der Tarotkarten mit den Himmelsrichtungen und Elementen des Feng Shui in diesem Buch, kann ich mit der Kartenbefragung schnell erkennen, wo im einzelnen noch Ungleichgewichte ausbalanciert werden müssen.
Im Jahr des Hundes 2018 sitzt Yang Erde auf Yang Erde. Das ist das Bild eines riesigen Berges. In diesem Fall bedeutet das für jeden von uns innezuhalten, geduldig zu sein, nichts zu überstürzen, gut abzuwägen und gut zu überlegen bevor wichtige Entscheidungen gefällt werden, sollten sie unabdingbar sein. Besser ist es, abzuwarten

und sich im Nicht Tun (WuWei) zu üben. Schwierigkeiten könnten sich andernfalls riesengroß auftürmen.

Stellen wir uns eine Weltkarte vor, dann ist im Südosten Australien von der Wohlstand verheißenden Wirkung von Stern Nr. 8 betroffen. Jedoch wird 'Sui Po' für Unannehmlichkeiten sorgen. Im Zentrum befinden sich Teile von Afrika, der Nahe und mittlere Osten – sie stehen 2018 unter der energieverstärkenden Wirkung von Stern Nr. 9. Möglicherweise steht dort in irgendeiner Hinsicht ein Neuanfang bzw. etwas Innovatives bevor. Südafrika im Süden profitiert von Forschungund Lehre (Stern Nr. 4). Der Südwesten umfasst u. a. Teile von Brasilien, Argentinen und Chile. Dort sind 2018 durch den glückbringenden Stern Nr. 6 positive Veränderungen zu erwarten. Im Westen befinden sich Teile der USA, Mittel- und die Hälfte von Südamerika und der Krankheitsstern Nr. 2. Möglicherweise sind Epidemien dort ein Thema. Im Nordwesten befinden sich u.a. Teile der USA, Kanada und Alaska und Stern Nr. 1, der Sieg verspricht. Aber auch Großherzog Jupiter befindet sich dort und dürfte für Unannehmlichkeiten sorgen. Der Osten (China, u.a.,) erlebt durch Stern Nr. 7 Spannungen und Konflikte. Nordosten (Russland u.a.) mit Stern Nr. 3 und Norden (Europa u.a.) mit Stern Nr. 5 und den „Drei Toden" haben 2018 mit erheblichen Problemen zu kämpfen

Ereignisse u.a.: große Waldbrände überall auf der Nordhalbkugel der Erde, z.B. in Kalifornien, Schweden, Portugal, Griechenland, Deutschland ...

20.7.2018 - Kollektiver Selbstmord

Wie wäre es, wenn die Regierungen der Industrienationen anstatt einen hohen Rüstungsetat für ihre Kriegsspiele zu fahren, das Geld benutzen würden, um den kollektiven Selbstmord auf unserem Planeten, durch die Phänomene ‚global Warming' (Ionosphärenheizer) und ‚global Dimming' (Chemtrails), zu verhindern. Es dauert vielleicht noch 100 Jahre bis die Küstenstädte im Meer verschwinden, wenn wir so weitermachen wie bisher (3sat am 23.05.07). Da das ‚global Dimming' fatalerweise das ‚global Warming' stoppt, müssen bei der Verringerung des ‚global Dimming' durch die Ausfilterung der Feinstoffteilchen gleichzeitig

Gegenmaßnahmen getroffen werden, die für Kühlung sorgen. Da gibt es verschiedene Möglichkeiten neben dem Einsatz ‚erneuerbarer Energien'. Man könnte z.B. die Sahara mit dem Geld aus den Kriegsetats aufforsten. Man könnte auch durch weltweit massenhaft aufgestellte Sonnenkollektoren als Nebeneffekt der Energiegewinnung das Sonnenlicht in den Weltraum zurückreflektieren. Oder man könnte sich an den Maschinenstürmern des 19. Jh. ein Beispiel nehmen. Es gibt viel zu tun, um den kollektiven Selbstmord zu verhindern. Packen wir es an!

Aus aktuellem Anlass gebe ich zu bedenken: Wie es aussieht ist der kollektive Selbstmord nicht mehr aufzuhalten bzw. nur noch mit sofortigen radikalen Einschnitten in die schädlichen Absichten derjenigen gewissenlosen Zeitgenossen abzuwehren, die das Geoengineering praktizieren, obwohl die UNO das unkontrollierte Geoengineering bereits in den 70er Jahren verboten hat. Die Ozonschicht wird immer dünner und bald wird es kein Leben auf der Erde mehr geben. Hier der Beweis: http://www.pbme-online.org/wp-content/uploads/2018/04/PBME-Info-Brief-13-2018-Der-Moment-der-Wahrheit-ist-da.pdf. Damit mir keiner sagt, er hätte von der Mars-ifikation (Verwüstung) der Erde (ständig brennen Wälder!) durch den militärisch-industriellen Komplex nichts gewusst. Sie wollen mit dem 'global Warming' die Polkappen abschmelzen, um die dortigen Bodenschätze ausbeuten zu können. Horrende Kollateralschäden für die Natur und unser aller Leben werden in Kauf genommen.
Mögen ihre Satelliten ins Meer stürzen und möge die Erde sich auftun und ihre H.A.A.R.P.-Anlagen verschlucken! Möge der Fluch der bösen Tat sie allesamt einholen.

5.8.2018 - Manifest für das Neue Äon, welches also heißt: am Anfang war die Mutter!

Religion ist nur gut, wenn sie für den inneren Frieden sorgt und als Hilfe zur Selbsthilfe für die Verbesserung der Lebensumstände dient. Wissenschaft ist nur gut, wenn sie im Erkenntnisinteresse und nicht im Lenkungsinteresse, wie das zur Zeit der Fall ist, betrieben wird.

'Alles Leben ist Problemlösen'. (Popper)
Die Natur hat sich selbst erschaffen. (Spinoza)
Befreie Deinen Geist und erschaffe auch Du Dich immer wieder selbst.

Die Aufgabe der Selbstschöpfung beinhaltet die 8 Fähigkeiten:
1) Ängste und Depressionen zu besiegen (Feng Shui: NW)
2) sich nicht als Sündenbock missbrauchen zu lassen (Feng Shui: N)
3) sich selbst annehmen zu können (Feng Shui: NO)
4) 'Erinnerungsdämonen' zu besiegen (Trauma-Arbeit) (Feng Shui: O)
5) sich selbst gegenüber aufrichtig zu sein (Feng Shui: SO)
6) Fremdbestimmung abzuweisen (Feng Shui: S)
7) die eigene Traumwelt zu benutzen (Feng Shui: SW)
8) sich entspannen zu können (Feng Shui: W)

Wir sind alle aufgerufen, dem Eingriff in die Naturkreisläufe der Erde durch den Menschen, genauer: den militärisch-industriellen Komplex, zum Zwecke der Ausbeutung aller Naturressourcen Einhalt zu gebieten. Schließt euch an und stellt euch auf die Seite der Muttergöttin!
Lasst uns endlich das 'patriarchalisch-alchemistische' (Werlhof) Projekt der Lebens- und Naturzerstörung ächten und stoppen, wo immer wir es antreffen, damit es wieder heißt: mater arché – am Anfang war die Mutter!

Literaturliste

Literatur, soweit nicht im Text erwähnt:
Hirsi Ali, Mein Leben, meine Freiheit
Pietro Bandini, Vodoo
Edgar Cayce, Über Sexualität und Erleuchtung
Daniel Dufour, Das verlassene Kind
Idris Shah, Magie des Ostens

Werke von Shakti Morgane:
Orientalischer Tanz und Ekstase – der weibliche Weg zum magischen Feuer
Kalender der Göttin
Die Lichtwesen des Tarot
Familienrepräsentation mit Tarot & Tarot. Der Schlüssel zur Magie
Hexenmondin
eBook: Bauchtanztraining meditativ – der innere Raum

Blogeinträge 2007 – 2018, www.morganetarot.blogspot.com